Dictionnaire
des petites ignorances
de la langue française
au Canada

éditions Asticou

case postale 210, succursale A
Hull (Québec) J8Y 6M8
(819) 776-5841

PRODUCTION: Conception graphique: André Couture / Typographie et mise en pages: Ethier-Demers graphistes / Page couverture: François Poirier / Séparation de couleurs: Chromascan, division de B & W Graphics, 1501, rue Carling, Ottawa (Ontario) K1Z 7M1 Impression: imprimerie Gagné ltée.
DISTRIBUTION: Diffusion Prologue inc., 2975, rue Sartelon, Ville Saint-Laurent (Québec) H4R 1E6. Téléphone: (514) 332-5860; de l'extérieur de Montréal: 1-800-361-5751.
DÉPÔT LÉGAL: Premier trimestre de 1988 / Bibliothèque nationale du Québec / Bibliothèque nationale du Canada.

ISBN 2-89198-078-6

Camille-H. Mailhot

Dictionnaire
des petites ignorances
de la langue française
au Canada

éditions Asticou

AUX MILLIERS DE COLLÈGUES ET D'ÉTUDIANTS
CONNUS AU COURS DE MES CINQUANTE ANNÉES
DANS L'ENSEIGNEMENT
ET À TOUS CEUX QUI CONTINUENT D'APPRÉCIER
MON OUVRAGE INTITULÉ
2000 EXPRESSIONS FRANÇAISES
PRATIQUES ET UTILES

PRÉFACE

Le travail que je présente aujourd'hui est différent de tous ceux qui ont été publiés au cours des dernières décennies. En effet, j'ai examiné les 65 premières pages (lettre A) dans le *Nouveau Dictionnaire des difficultés du français* (860 pages en tout) publié chez Hachette en 1970 et préparé par Jean-Paul Colin. Je n'y ai rencontré aucun des cas que j'ai recueillis et que j'ai intitulés *Corrigeons nos fautes de français les plus fréquentes*.

Au Canada français, nous avons des cas bien différents et très particuliers à la langue que nous parlons et écrivons. Lisez, en effet, *Le Monde* de Paris et vous constaterez qu'on n'y rencontre aucune des erreurs de français qui déparent nos quotidiens et nos hebdos. Eux, ils n'ont pas à surveiller les mots: *s'accaparer*, car chez eux il n'y a que le verbe accaparer (sans forme pronominale), *se pratiquer, investiguer, enquêter, enjoindre, méchant, siéger sur un comité*, ainsi que les anglicismes: *balance, ligne, littérature, ouverture, pamphlet, température, trouble*... Examinez chacun de ces mots dans mon catalogue d'erreurs.

Pendant que j'écris ces lignes, voici que *La Presse* du dimanche me met sous les yeux un article très bien écrit d'un journaliste réputé, Cyrille Felteau. Voici ce qu'il écrit et cè qui me prouve que le travail que je vous présente aujourd'hui est plus qu'opportun. Il est nécessaire. Il est urgent. «Ceux qui gagnent leur vie à noircir du papier journal ne détiennent pas une garantie d'infaillibilité ou d'impeccabilité. Les journaux de chaque jour en témoignent éloquemment: erreurs de fait et d'interprétation, inexactitudes, nombreuses fautes de grammaire, de syntaxe et d'orthographe sont malheureusement d'occurrence quotidienne. Il ne faut pas oublier non plus les nombreuses coquilles dont la plupart sont anodines.» Il déplore le fait que de nombreuses fautes sont d'occurrence quotidienne. Lui, il le déplore; moi, je le déplore davantage depuis longtemps, mais surtout j'essaie d'y apporter mon humble contribution de redressement, en montrant qu'on pourrait éviter de telles erreurs, si l'on s'en donnait la peine, si l'on savait douter et chercher, si l'on avait un peu plus de conscience professionnelle.

11

Dans la même semaine, j'ai lu un autre article dans lequel le célèbre Frère Untel (Jean-Paul Desbiens) nous dit avec humour et ironie qu'il va falloir très bientôt fonder une école d'écrivains publics, où l'on enseignerait le français à certaines personnes de dix-huit ans et plus, six heures par jour et 182 jours par année. On y formerait des écrivains publics, c'est-à-dire des personnes soigneusement recrutées destinées à écrire pour les autres ou à corriger leurs écrits. Ils seraient chargés de rédiger ou de corriger tout ce qui s'écrit, tout ce qui est destiné au grand public: circulaires, articles pour les journaux, bulletins de nouvelles, lettres pesonnelles, conférences, directives des ministères, discours de politiciens, annonces publicitaires, traductions, etc. En un mot, dit le Frère Untel, ‹‹on y formerait des écrivains publics, des spécialistes qui écriraient en lieu et place de certains analphabètes.››

Après s'être servi du mot *analphabètes*, il souligne deux faits bien inquiétants: Une vaste enquête de mai 1984 révèle que les étudiants de deuxième secondaire font en moyenne ‹‹une faute de français tous les six mots››. Puis une autre enquête, menée cette fois au Collège de Rivière-du-Loup, révèle que ‹‹64% des étudiants savent à peine lire et écrire››.

Je vous remets ces données sous les yeux pour démontrer l'urgente nécessité d'y apporter des remèdes efficaces. Et c'est précisément mon but, en mettant le présent ouvrage entre les mains de tous ceux et celles qui veulent vraiment améliorer leur français écrit et oral.

J'ai commencé mes recherches dans ce domaine il y a plus de sept ans. Je me suis servi de ce système de correction collective dans mes cours à l'université. On y a constaté, avec preuves à l'appui, que les étudiants aimaient cette façon de procéder et qu'ils en tiraient un grand avantage. En l'espace de 5 ou 6 mois et parfois moins, ils amélioraient énormément et visiblement leur français écrit, car ils avaient appris à se surveiller et à savoir douter, en présence de certaines difficultés du français. C'est alors et depuis ce temps-là que j'ai recueilli, jour après jour, les principales erreurs qu'on trouve un peu partout. J'ai disposé par ordre alphabétique au delà de 700 mots, verbes, anglicismes et tournures de phrase souvent incorrects. J'en présente une ou plusieurs corrections et je rappelle les normes correspondantes. On y fait donc de la grammaire et de la syntaxe sans même prononcer ces deux mots (tabous) qui font peur de nos jours, au nom de la liberté et de la loi du moindre effort.

À la fin de ce volume auquel je travaille avec patience depuis plus de sept ans, je ne crois pas opportun d'ajouter une table des matières finale, car tous les mots (environ 700) impliqués dans ces erreurs sont déjà disposés par ordre alphabétique pour en faciliter une consultation à la fois simple et rapide. Si je veux savoir comment me servir du verbe *débuter* ou du verbe *s'enquérir* ou si je ne suis pas sûr de l'orthographe des mots *égout* (sans accent circonflexe) et *dégât* (avec accent), je vais voir les mots: *débuter, s'enquérir, orthographe* (tous disposés par ordre alphabétique). C'est simple et rapide.

Je ne m'en prends pas dans ces pages aux journalistes en général, que je ne voudrais pas me mettre à dos, car je reconnais que la plupart savent leur français et écrivent sans la moindre erreur. En effet, rares sont les grosses fautes dans les éditoriaux, par exemple. Mais, c'est avec un certain énervement que, chaque jour, à la lecture attentive de 3 ou 4 journaux ou à l'écoute de quelques postes de radio, je note sur mes longues listes d'erreurs, au moins une bonne dizaine de fautes graves, plutôt agaçantes, comme vous pouvez en examiner une bonne centaine ramassées à la fin du mois d'août 1985 et corrigées dans les dernières pages du présent volume.

Ces pages, intitulées *Corrigeons nos erreurs de français les plus fréquentes*, fournissent aux lecteurs un catalogue de réponses aux questions que se posent journellement ceux qui désirent s'exprimer d'une façon correcte. J'énumère dans l'ordre alphabétique les mots et constructions qui créent des problèmes et j'expose brièvement les règles qui en gouvernent l'emploi. J'ai essayé de ne rien omettre de ce qui présente habituellement des difficultés à ceux qui écrivent. J'ai retenu environ 700 mots et expressions considérés comme difficiles, à divers points de vue.

Ce travail est destiné à tous ceux qui désirent rafraîchir leurs connaissances grammaticales et lexicales, afin de ne pas enfreindre les normes imposées par la tradition ou le bon usage. En un mot, il s'agit d'un ouvrage préparé pour ceux et celles qui sont encore soucieux de bien parler, de bien écrire et de bien lire. Ce travail de recherche et de compilation a été fait sans aucune prétention. Je n'ai pas voulu en faire un exposé très savant comme celui que l'on retrouve dans les *Maux des Mots* publié par l'université Laval il y a quelques années. J'ai essayé d'être clair et convaincant, c'est tout.

Il ne me reste qu'à souhaiter ardemment que ce modeste travail se révèle d'une grande utilité à tous ceux qui se préoccupent encore de la qualité du français que nous écrivons et lisons.

Camille Mailhot, d. ès l.

À ou AVEC

Il faut dire:
Je cause avec vous et non je cause à vous.
Je suis *à vous* dans deux minutes et non avec vous.
C'est *à regret* que je vous laisse et non avec regret.
Il est confronté *à des problèmes* et non avec...
Il a été 20 ans *à* (ou *chez*) cette *compagnie* et non avec...
Il a vendu ces articles *à perte* et non avec perte.

À ou CE

Il faut dire:
Ce matin et non à matin.
Ce soir et non à soir.

À ou EN

Il faut dire:
Partir *à temps* et non en temps.
Des mercis *à profusion* et non en profusion.
Aller *à bicyclette* et non en bicyclette.

À ou POUR

Il faut dire:
Réservé *aux amis* et non pour le amis.
Je pars *pour Québec* et non à Québec.

À ou DANS

Il faut dire:
Grimper *à un arbre* et non dans un arbre.
Elle est intéressée *à mes projets* et non dans mes...
Il est associé *à cette réalisation* et non dans...
Il a participé aux préparatifs et non dans les...

À ou SOUS

Il faut dire:
Ce projet est *à l'examen* et non sous examen.
J'accepte *à ces conditions* et non sous ces conditions.

À ou SUR

Il faut dire:
On siège *à un comité* et non sur un comité.
Il paraît *à une émission* de télé et non sur une émission.
Elle travaille *au troisième étage* et non sur...
On travaille *à la ferme* et non sur une ferme.
On passe *à un feu rouge* et non sur la lumière rouge.
Il est mort *à son ouvrage* et non sur son ouvrage.
Elle est toujours *au téléphone* et non sur le...

À ou CHEZ

Il faut dire:
Je vais *chez le coiffeur* et non au coiffeur.

À (inutile)

Il faut dire:
Tous les jours et non à tous les jours.
Chaque fois et non à chaque fois.

À BRAS-LE-CORPS

À bras-le-corps s'écrit avec deux traits d'union; on n'écrit pas à brasse-corps.

ABSOUDRE, DISSOUDRE, RÉSOUDRE

On hésite souvent sur la forme de leur participe passé:
Absoudre - absous, absoute
Dissoudre - dissous, dissoute
Résoudre - résolu, résolue
     résous, résoute (signifiant: changé) ne sont plus employés.
Le tribunal *a absous* (jamais absolu) le coupable.
Ils ont dissous ce mouvement révolutionnaire.
Elle *a résolu* de ne rien dire.
La commission *a été dissoute.*

ACADÉMIQUE

On abuse trop souvent de cet adjectif qui indique seulement ce qui se
rapporte à une académie. Il faut donc dire:
une *année scolaire*, une *année universitaire*, et non une année
académique; la *liberté pédagogiqu*e et non liberté académique, des
études universitaires et non académiques.

ACCAPARER ou S'ACCAPARER

Le verbe accaparer n'a pas de forme pronominale et le verbe s'accaparer n'existe pas. Il ne faut pas dire: il s'en est accaparé, mais *il l'a
accaparé. Ils ont accaparé* toutes les denrées possibles, et non ils se
sont accaparé de toutes les denrées possibles. Ce groupe *a accaparé*
tous les billets de la soirée, et non: il s'est accaparé de tous les billets
de la soirée.

ACCENT CIRCONFLEXE

Il faut écrire:
les *égouts* et non les égoûts;
psychiatre et non psychiâtre;
la *ruche* et non la rûche;
la *cotisation* et non la côtisation;
elle *croît* en sagesse et non elle croit en sagesse;
ils sont *mus* par de nobles sentiments et non mûs...;
cette somme m'est *due* et non m'est dûe;
les cérémonies *eurent* lieu et non eûrent lieu;
avant que le médecin *eût* décidé et non eut décidé;

il *fut* arrêté et non il fût arrêté;
j'y arriverai, *fût-ce* au prix de ma liberté et non fut-ce;
il *eût* été préférable d'attendre et non eut été;
lorsqu'on lui *eut* dit cela et non eût dit cela.

Il n'y a donc pas d'accent circonflexe au passé défini et au passé antérieur de l'indicatif, mais il y en a un à l'imparfait, au plus-que-parfait du subjonctif et au conditionnel passé deuxième forme:
Passé défini: Il le *sut* à temps.
Passé antérieur: dès qu'il l'*eut* su.
Imp. du subj. : afin qu'il le *sût* à temps.
Plus-que-parfait du subj. : bien qu'il l'*eût* su avant moi.
Conditionnel passé, 2e forme: l'*eût-il* su plus tôt qu'il aurait agi de même.

ACCOMMODATIONS

On a trop souvent recours à cet anglicisme pour dire *logement, hébergement, pension, capacité d'accueil* et *commodités.* Ne pas dire: Ce motel offre toutes ces accommodations, mais bien *toutes ces commodités.* Ne pas écrire: Accommodation ici! mais plutôt: *logement, hébergement, pension, refuge.*

ACCOMPLISSEMENTS

Encore un anglicisme détestable. Il faut dire: une vie riche en *réalisations* de toutes sortes et non en accomplissements. Voilà le *couronnement* d'une belle carrière et non l'accomplissement. Ils ont loué et admiré les *réalisations* (les *succès,* les *oeuvres*) de cet organisme et non les accomplissements.

ACCORD, EN ACCORD AVEC

Ne pas dire: Je suis en accord avec lui, mais je suis *d'accord avec* lui. Ne pas dire: Cette disposition est en accord avec le règlement, mais elle est *conforme au règlement.*

ACCORD DU VERBE

Ne pas écrire d'horreurs comme celles-ci:
Les ressources dont disposent ce politicien.
L'avenir que nous prépare ces découvertes modernes.
Hier, s'est tenu la dernière réunion du comité.
Dans ces trois exemples il aurait fallu écrire: *dispose, préparent* et *s'est tenue.* Quand il y a un verbe, il faut toujours en chercher le sujet, surtout s'il se trouve après.

Évitons aussi ces erreurs très fréquentes concernant l'accord:
C'est nous qui vont en souffrir.
C'est moi qui l'a dit.
C'est moi et lui qui l'ont fait.
C'est moi et lui qui l'ont fait.
C'est toi qui est le responsable du groupe.
C'est moi qui en est responsable.

Il aurait fallu écrire correctement:
C'est nous qui *allon*s en souffrir.
C'est moi qui l'*ai* dit.
C'est moi et lui qui l'*avons* fait.
C'est toi qui *es* le responsable du groupe.
C'est moi qui en *suis* responsable.
Dans tous ces cas, il faut faire accorder le verbe avec l'antécédent de qui et non avec qui tout seul.

ACCRU

Encore un anglicisme. Il faut dire: les intérêts *accumulés, cumulés, courus* et non les intérêts accrus.

ACQUIESCER

Comme on dit *acquiescer à*, il s'agit d'un verbe intransitif qui n'a pas de complément direct et pas de forme passive. Il est donc faux d'écrire: Leur demande n'a pas été acquiescée. Il faut dire ou écrire: On n'a pas *acquiescé à* leur demande, ou bien: On n'a pas *consenti à* leur demande, on encore: Leur demande n'*a pas été acceptée, agréée.*

ACQUIS, ACQUIT, ACQUÉRIR

Dans les deux expressions: *pour acquit* (formule bancaire) et *par acquit de conscience*, il faut écrire acquit avec un *t*, car il s'agit du verbe acquitter. Dans les autres cas, il faut écrire acquis avec *s*, car il s'agit du verbe acquérir dont le paticipe passé est toujours *acquis* (et jamais acquéri, comme on entend trop souvent). Il faut dire: *tenir pour acquis* et jamais prendre pour acquis. Quant au futur irrégulier, il faut dire *acquerra* et jamais acquérira ou acquerrera.

ADJOINT

Quand on écrit professeurs adjoints, un directeur adjoint, il ne faut jamais de trait d'union.

ADMETTRE QUE...

J'admets que tout cela est vrai. Mais si la forme est négative, alors il faut le subjonctif. Ne pas écrire: Nous n'admettons pas qu'il revient si tôt, mais qu'il *revienne*. Ne pas écrire: Admettant que tout cela est vrai, mais que tout cela *soit* vrai. (Ici admettre signifie *supposant* et toutes les suppositions veulent le subjonctif.)

ADVENIR

Ne pas écrire: Je ne sais pas ce qui adviendra de ce commerce, mais ce *qu'il advien*dra de ce commerce ou ce que ce commerce deviendra. Ne pas écrire: Qu'est il advenu à ces trois déserteurs, mais: qu'est-il *advenu de* ces trois déserteurs, ou encore: Qu'est-il *arrivé à* ces trois déserteurs.

AFFILÉE, D'AFFILÉE

Ne pas écrire: plusieurs jours d'affilés, mais *d'affilée* (invariable), plusieurs jours *de suite*, plusieurs jours *consécutifs*.

AGENDA

Encore un anglicisme. Ne pas dire: tous les sujets à l'agenda, mais à l'*ordre du jour*, au *programme*. Ne pas dire: J'ai trois items sur mon agenda aujourd'hui, mais j'ai trois *articles* au *programme*, à *l'horaire* aujourd'hui. On emploie le mot agenda dans le sens de carnet, de bloc-notes (un agenda, des agendas).

AGIR (S')

Ce pauvre verbe est souvent massacré. Ne pas dire: Comme s'il s'avait agi, mais: Comme s'il s'était agi. Étant un verbe pronominal, il se conjugue avec l'auxiliaire être. Ne pas écrire comme j'ai lu et corrigé l'autre jour: Dans ce cas-là, il s'aura s'agit d'une erreur, mais il se sera agi d'une erreur. Dans ces deux exemples, il s'agit vraiment d'erreurs monumentales!

AGRESSIF

Un américanisme flagrant! Il ne faut pas dire: Voilà un vendeur agressif, mais un vendeur dynamique, persuasif, entreprenant. *Agressif* en bon français signifie qui a une tendance à agresser, à attaquer, ce qui ne serait pas une louange pour un vendeur.

AIDER ou AIDER À

Les deux sont bons, mais *aider* seul, transitif, est préférable. Je veux l'aider est mieux que: Je veux lui aider. Aidez-les est préférable à aidez-leur. Attention au participe passé: Je les ai aidés, mais: Je leur ai aidé.

AIGU, AMBIGU, CONTIGU

Au féminin, on met le tréma sur le *e* et non sur le *u*. Il faut écrire: une douleur *aiguë* et non: une douleur aigüe. Même chose pour ambigu et contigu au féminin.

AIT ou EST

Souvent on écrit avec les oreilles ou même les pieds. Que penser de cette erreur exécrable: Je ne crois pas que cet artiste en est fait autant? Il est évident qu'il faudrait écrire: que cet artiste en *ait fait* (passé du subjonctif) autant.

AJUSTEMENT

Encore un anglicisme. Ne pas dire: Un ajustement de salaire, mais un *rajustement*. Ne pas dire: Je ferai un ajustement de votre compte, mais un *redressement* de votre compte ou une *rectification*. Ne pas dire: L'ajustement de votre appareil, mais le *réglage* ou la *mise au point*. On peut dire l'ajustement d'une balance et trouver des ajustements dans une dispute.

ALLÈGRE

On écrit l'adjectif allègre avec un *accent grave,* mais pour le mot allégresse on peut écrire *allègrement* ou *allégrement*.

ALLER

On ne dit pas: aller en grève, mais: *faire, se mettre, déclencher* une gréve. On ne dit pas: aller sous presse, mais: *mettre* sous presse. On ne dit pas: aller sur une diète, mais: *suivre* une diète, ou *commencer* un régime d'amaigrissement.

ALLOUER

Attention à ce verbe qui ne s'emploie que pour les sommes d'argent ou dans le sens d'accorder un temps déterminé pour un travail. Il est donc erroné de dire ou d'écrire: Cette équipe de hockey a alloué trois buts... Il faut dire: Cette équipe a *accordé* trois buts. Un organisme peut allouer une subvention; on peut allouer plus de temps pour faire un travail, mais on n'alloue pas de buts...

ALTERNATIVE

On ne peut pas dire: J'hésite entre ces deux alternatives; la deuxième alternative me sourit beaucoup. Il n'y a pas deux alternatives, mais une seule alternative (choix) entre deux possibilités. Il faudra donc dire: J'hésite devant *cette alternative*; la deuxième éventualité me sourit beaucoup.

ANTICIPER

On ne dira pas: pour payer les frais anticipés, mais les frais *prévus, envisagés*. On ne dira pas: Nous anticipons une excellente récolte, mais: nous *prévoyons* une bonne récolte. On ne dira pas non plus: Elle anticipe un échec complet, mais: Elle *prévoit*, elle *envisage*... En bon français, *anticiper* signifie uniquement devancer, faire par avance, faire avant le temps prévu. On peut très bien anticiper un voyage, un paiement.

ANXIEUX

On ne dira pas: Je suis bien anxieux de revoir mon ami, mais: J'ai bien hâte de revoir mon ami; il me tarde de revoir mon ami. On ne dira pas: Je suis bien anxieux d'en apprendre le résultat, mais: J'ai bien hâte, je suis impatient... En français, l'anxiété marque la crainte, l'inquiétude, l'appréhension.

À PART, À PART DE

Il fait dire: à part lui et non: à part de lui; à part cela et non: à part de cela; à part les autres et non: à part des autres.

APERCEVOIR

Il suffit d'un seul *p* pour bien apercevoir. Attention au participe passé du verbe s'apercevoir. Il faut écrire: Ils se sont aperçus (avec accord) de leurs erreurs et non: Ils se sont aperçu de... Elle s'est aperçue et non: Elle s'est aperçu de...

APPARTEMENT

En anglais, il n'y a qu'un seul *p*, mais en français il y en a deux. Puis il faudrait éviter de dire: J'ai un quatre appartements, pour dire un quatre pièces. Il faudrait aussi éviter de dire: un bloc à appartements et employer une *maison de rapport*, un *immeuble* ou un *édifice à appartements*.

APPARTENIR

On n'appartient pas quelque chose ou quelqu'un, mais on *possède*, on *est propriétaire de* quelque chose. Il est donc faux de dire: Il appartient ces trois maisons; ils appartenaient la moitié du secteur; pour vérifier qu'est-ce qu'on appartient. Il faudrait écrire alors: Il *possède* ou il *est propriétaire de* trois maisons; ils *possédaient* la moitié du secteur; pour vérifier ce qu'*on possède* ou ce qui nous appartient. On n'appartient pas quelque chose, mais quelque chose nous appartient. Appartenir n'est pas un verbe transitif avec complément direct: on n'appartient pas un chalet, mais on possède un chalet; on est propriétaire d'un chalet ou encore: un chalet nous appartient.

APPERT, IL APPERT

Comme *il appert* signifie *il est évident, il est manifeste*, on ne peut pas écrire: Il appert qu'il soit plus facile d'y renoncer, mais qu'il *est* plus facile d'y renoncer. Ne pas dire: Il appert qu'il *ait fait* de son mieux, mais: qu'il *a fait* de son mieux.

APPLICATION

Avec un peu d'application, il est facile d'apprendre que *faire application* est un anglicisme. On ne dit pas: une formule d'application, mais une demande d'emploi. On ne dit pas: Faire application pour un emploi ni appliquer pour un emploi, mais *postuler* un emploi, *faire une demande* d'emploi. On ne dit pas: J'ai envoyé mon application, mais *ma demande d'emploi*.

APPOINTEMENT

Un autre anglicisme des plus détestables: On ne doit pas dire: J'ai manqué mon appointement chez le dentiste, mais mon *rendez-vous*. Ne pas dire: On est content de son nouvel appointement, mais de sa nouvelle *nomination*. Ne pas dire: Il a été appointé directeur, mais il a été *nommé, élu, désigné*. En français, les appointements, toujours au pluriel, est un mot qui signifie le salaire mensuel. Ce gérant reçoit de gros appointements.

APPOINTER

Ne pas dire: Ils vont appointer un autre secrétaire, mais ils vont *nommer, désigner* un autre secrétaire. Ne pas dire: C'est elle qui a été appointée à ce poste, mais c'est elle qui a été *nommée, désignée,* à ce poste.

APPOSITION

Contrairement à l'anglais, il faut omettre l'article devant le nom apposé ou en apposition. On ne dira pas: le lion, la terreur de nos forêts, mais: le lion, terreur de nos forêts. On ne dira pas: Mauriac, le célèbre romancier français, est venu au Canada, mais: Mauriac, célèbre romancier français, est venu au Canada. On ne dira pas: La rencontre de mai, un événement annuel, a été un succès, mais: La rencontre de mai, événement annuel, a été un succès.

APPROPRIER (S')

Attention à ce verbe! On ne dit pas: s'approprier de quelque chose, mais plutôt *s'approprier quelque chose.* On ne dira pas: Ils se sont appropriés de tout le butin, mais ils se sont *appropriés tout le butin.* (Il faut l'accord du participe passé, car il s'agit d'un verbe essentiellement pronominal.)

APRÈS QUE

La conjonction *après que* se construit régulièrement avec le mode indicatif (passé antérieur, futur antérieur et passé surcomposé) : après que j'eus fini, je sortis ou je suis sorti; après que j'aurai fini, je sortirai; après que j'ai eu fini, je suis sorti. Il est plus que logique qu'il se construise avec le mode indicatif, car, *après que* indique bien un fait du passé, déjà réalisé, qu'on peut indiquer (indicatif). Depuis quelque temps, on le voit trop souvent construit avec le subjonctif, peut-être parce que *avant que* est toujours suivi du subjonctif. *Après que* doit être suivi de l'indicatif. Il est donc fautif d'écrire: Après qu'il ait fini son travail, il est sorti. Il faudrait alors écrire: Après qu'il *eut fini* son travail, après qu'il *a eu fini* son travail ou encore: ayant fini son travail, il sortit ou est sorti. Erroné encore d'écrire: Après qu'il soit parti, on lui a tétéphoné. Ne pas écrire: Après qu'il ait reçu la nouvelle, mais après qu'il *eut reçu...*

ARGENT

Le mot *argent* devrait s'employer uniquement au *singulier* et au *masculin*. Trop souvent on le rencontre employé au féminin et souvent aussi au pluriel. On ne devrait donc pas dire: voici de la belle argent; votre argent, elle servira toujours; cette argent, elle est partie bien vite; des argents destinés aux bonnes oeuvres. Au lieu de dire: des argents, on pourrait employer les mots des *sommes* ou des *crédits*. Lu encore hier dans un journal: La nôtre, elle n'a pas encore été dévaluée. Le mot argent est donc masculin et il n'y a là aucune discrimination!

ARGUMENT

Je ne parle pas ici du mot *argument* signifiant *preuve, raisonnement*, mais de l'emploi de ce mot comme anglicisme pour dire *dispute, chicane, discussion, prise de bec*. Il est donc erroné de dire: J'ai souvent des arguments avec mon voisin. Il est toujours pris dans des arguments impossibles. Il n'a pas participé à ces arguments. Mais on peut très bien dire: J'ai trois arguments pour appuyer ma thèse. Les arguments de cet avocat sont convaincants.

ARRIÈRE-PENSÉE

Dans le mot composé arrière-pensée, au pluriel, le mot arrière reste invariable: des arrière-pensées. Même chose pour les noms composés avec arrière qui est invariable, parce que c'est un adverbe: des arrière-grands-pères, des arrière-grand-mères, etc.

ARROGER (S')

Il est erroné d'écrire: Ils se sont arrogés trop de privilèges, car le participe passé de ce verbe pronominal s'accorde comme un verbe conjugué avec avoir, avec le complément s'il est placé avant. Alors il faut écrire: Les droits qu'ils se sont arrogés, mais: Ils se sont arrogé des droits.

ARTIFICE

Quand on écrit: Des feux d'artifice, il ne faut pas de *s* au mot artifice.

ASPHALTE

Le mot asphalte étant masculin, pourquoi écrire: de la belle asphalte toute neuve, toute fraîche? Du bel asphalte, de l'asphalte frais.

ASSEOIR

Il y a un *e* à l'infinitif, mais jamais à l'indicatif. Il faut écrire: j'assois, je m'assois. C'est aussi confortable que s'il y avait un *e*. Je m'assois, je m'assieds, mais jamais: je m'assis ici.

ASSISTER

Dans le sens d'aider, de secourir, de venir en aide, assister est suivi de *de* et non de *par*. Exemples: Il était assisté de trois conseillers. Assisté de son épouse, il a pu surmonter la crise. Ne pas dire: Assisté par ses parents.

ASSUMER

Assumer en français signifie *prendre à son compte, prendre sur soi*. Alors on peut dire: Assumer ses responsabilités. Mais trop souvent on lui donne un sens anglais et l'on dit ou écrit: J'assume qu'elle a exagéré. On assume qu'il va démissionner. Nous assumons qu'elle ne voudra pas. Ici il faudrait recourir aux verbes: *croire, supposer, présumer*. Je crois qu'elle a exagéré.

ATTENANT

Lu l'autre jour: Un édifice attenant la chaufferie. Il faut écrire: *attenant à* la chaufferie, comme on dirait *contigu à*.

AU CAS OÙ

Après *au cas où* il faut le conditionnel, car on fait une supposition. Il est donc erroné de dire: Au cas où ils ne viennent pas; au cas où il arrive ce soir. Il faut dire: Au cas où ils ne viendraient pas; au cas où il arriverait ce soir.

AUCUN

Ne pas oublier *ne* après aucun. Aucun est venu, mais: Aucun n'est venu.

AUCUN TEMPS (EN)

Alors qu'il faudrait dire en tout temps, n'importe quand, on entend trop souvent en aucun temps. Ne pas dire: Je suis prêt à vous aider en aucun temps, mais *en tout temps*. Ne pas dire: Étant retraité, je suis chez moi en aucun temps, mais *en tout temps*.

AUDIENCE

Encore un anglicisme! *Audience* en français signifie rencontre, entretien, séance du tribunal, accueil favorable. Il est donc erroné de dire: Une audience très nombreuse; l'audience a applaudi à tout rompre, réussira-t-elle à élargir son audience? Il y a au moins 4 mots pour exprimer ces choses-là: auditoire, assistance, assemblée, public. Il faut donc dire: Un auditoire très nombreux; l'assistance a applaudi à tout rompre. On peut avoir une audience papale; un tribunal peut tenir une audience à huit clos; un roman peut trouver une très grande audience auprès de la population...

AUDITEUR

En français ce n'est pas un auditeur (en anglais auditor) qui vérifie les comptes, mais un *vérificateur* ou un *expert-comptable*. Auditeur en français signifie une personne qui écoute, tout simplement. On ne peut donc pas dire: L'auditeur s'est trompé dans ses comptes.

AUGURE

Ce mot est uniquement masculin. On ne peut donc pas dire: C'est de mauvaise augure; ce serait alors une bonne augure; un oiseau de mauvaise augure. Il faut écrire: C'est de mauvais augure.

AUQUEL ou QUE

Il est erroné d'écrire: Les problèmes qu'on a à faire face chez nous. Il faut écrire: Les problèmes auxquels on a à faire face. Faux aussi d'écrire: Voilà une question qu'il faudra répondre. Il faut écrire: Voilà une question à laquelle il faudra répondre, qu'on répond à quelque chose et que l'on doit faire face à quelque chose.

AUSSI... QUE

J'ai entendu l'autre jour: Il reste aussi mordant qu'il ne l'était. Il faut écrire ou dire: Il reste aussi mordant qu'il l'était. Après *aussi... que* il n'y a pas de *ne*. Il faut un *ne* après *plus... que* et *moins... que*: Il fait plus froid que je ne le croyais. Il est moins fort que je ne l'aurais cru.

AUTANT QUE, EN AUTANT QUE

C'est un anglicisme que de dire: En autant que je suis concerné. Il faut dire tout simplement: En ce qui me concerne, quant à moi.

AUTOMNE

Le mot *automne* et les noms de toutes les saisons sont tous du genre masculin, sans la moindre discrimination. Il ne faut donc pas dire: On a eu une belle automne, mais un bel automne. Il ne faut donc pas dire: L'été a été courte ou l'hiver a été bien longue.

AUTRE, ENTRE AUTRES

Dans mes corrections, je trouve très souvent: entre autre sans *s*, lorsqu'on veut dire: entre autres choses. Alors il est évident qu'*entre autres* doit s'écrire *entre autres*. On ne peut donc pas écrire: Il y avait invité bien du monde, entre autre, ses frères et soeurs. Il faut écrire entre autres.

AVEC ou DONT

Il est erroné d'écrire: La manière avec laquelle on y travaille. Il faut dire: La manière dont on y travaille. Ne pas dire: La façon avec laquelle on l'a traité, mais plutôt: La façon dont on l'a traité.

AVISEUR

Il faut éviter l'anglicisme trop fréquent: aviseur légal pour le remplacer par *conseiller juridique*. Le mot aviseur n'est même pas dans les dictionnaires!

AVOIR

Pour le verbe avoir, attention à quelques erreurs fréquentes: à l'impératif ne pas écrire: aies, ayions, ayiez, mais: aie, ayons, ayez. Attention aussi au subjonctif. Pourquoi écrire: Pour que vous l'ayiez à temps? *Ayez* est déjà au subjonctif, alors pas de *i* supplémentaire, inutile. Au passé défini, on écrit: il eut et non il eût. Il faut garder cet accent circonflexe pour l'imparfait du subjonctif (afin qu'il eût) ou pour le conditionnel passé 2e forme (il eût eu).

AVOIR BESOIN DE

On oublie trop souvent le *de*, le *dont* ou le *duquel* qui accompagnent le verbe avoir besoin et l'on dit ou écrit: Voici ce que j'ai de besoin. On met un *de* mais à la mauvaise place. On ne dit pas: Qu'est-ce qu'on a de besoin pour ce pique-nique? mais: De quoi a-t-on besoin... On ne dit pas: Voici les articles que nous avons de besoin, mais: Voici les articles dont nous avons besoin.

B

BAILLER, BÂILLER, BAYER

Le premier qui s'écrit sans accet circonflexe signifie *fournir, procurer, donner:* bailler des fonds, de l'argent. Le deuxième avec l'accent circonflexe sur le *a* signifie *ouvrir* ou *entrouvrir* la bouche: bâiller de fatigue, d'ennui, de sommeil; on peut aussi avoir une porte qui bâille (qui est entrouverte). Le troisième ne s'emploie que dans l'expression *bayer aux corneilles*, qui signifie s'ennuyer et regarder en l'air comme un niais. L'autre jour dans le journal je lisais: bailler aux corneilles!

BALADE, BALLADE

Une balade est simplement une promenade: faire une balade, se balader. Ballade avec deux *l* est un poème, une chanson. Alors ne pas écrire: Je vais faire une ballade. Toutefois, on peut faire une *balade* en voiture, tout en écoutant de jolies *ballades* à la radio.

BALANCE

On peut avoir une balance dans la salle de bain, mais avoir une balance de tapis, c'est plus rare! Rien de plus drôle que d'entendre: On vend une balance de tapis! On veut dire tout simplement: un *solde*, un *reste*. Il est aussi erroné de dire: Pour la balance de l'année. Il faut dire: Pour le *reste* de l'année... Ne pas dire: Voici la balance de ce que je vous dois, mais le *solde*, le *reste*. Ne pas dire: J'ai perdu ma balance, mais mon *équilibre*. Il est assez rare qu'on perde une balance (celle qui sert à nous peser).

BAN, BANC

Ban est le nom qui correspond au verbe bannir: mettre au ban de la société. Ne pas écrire: Être en rupture de banc. Il faut écrire: en rupture de ban.

BANDE

Encore un anglicisme bien détestable! Pourquoi dire: La bande a bien joué? alors qu'on pourrait tout aussi bien dire: la *fanfare*, l'*harmonie*, le *corps de musique*.

BARBARISMES

Voici quelques barbarismes ou mots forgés, déformés ou détournés de leur sens. Il y en a une infinité; je n'en cite que les plus communs:

Forme fautive	Forme correcte
Il s'en est accaparé	Il l'a accaparé
Aller au dentiste	Aller chez le dentiste
La clé est après la porte	La clé est à (ou sur) la porte
Il est furieux après vous	Il est furieux contre vous
Elle n'arrête pas de parler	Elle ne cesse de parler
Cette nouvelle s'est avérée fausse	Elle s'est révélée fausse
Le coeur me débat bien fort	Mon coeur bat très fort
L'état du malade rempire	L'état du malade empire, s'aggrave
Il a recouvert la vue	Il a recouvré la vue
Elles coûtent dix collars chaque	Elles coûtent dix dollars chacune
Nous avions convenu d'y aller	Nous étions convenus d'y aller
Je veux lui éviter un ennui	Je veux lui épargner un ennui
D'ici mardi prochain	D'ici à mardi prochain
Vous n'êtes pas sans ignorer	Vous n'êtes pas sans savoir que
En outre de cela	Outre cela
Pallier à un inconvénient	Pallier un inconvénient
Au point de vue pécunier	Au point de vue pécuniaire
Tant pire, de mal en pire	Tant pis, de mal en pis
Au point de vue congés	Au point de vue des congés
La chose que j'ai de besoin	La chose dont j'ai besoin
Il me rabat les oreilles avec ça	Il me rebat les oreilles avec ça

Il risque de gagner
Il s'en est suivi un désastre
Lire sur le journal
Tant qu'à moi

Je l'ai acheté tel que
Un cochon comme mon voisin

Je m'en attendais déjà

Il a des chances de gagner
Il s'est ensuivi
Lire dans le journal
Quant à moi, d'après moi, à mon avis
Je l'ai acheté tel quel
Un cochon comme celui de mon voisin
Je m'y attendais déjà

BARRE

Que de barres de savon qui se gaspillent! Il faut dire: des *pains* de savon.

BATTRE ou DÉBATTRE

Ne pas dire: Le coeur me débattait bien fort, mais le coeur me battait bien fort. On dit en effet : Des battements de coeur et non des débattements de coeur.

BEAU, BEL, BELLE

J'ai entendu l'autre jour un annonceur novice qui disait: Dans un bel hangar. C'est horrible! Il faut dire: un *beau* hangar à cause de la lettre *h* qui est aspirée dans ce mot, comme il faut dire: un beau héros, un beau handicapé, un beau chapeau, mais un bel homme, un bel oncle. Remarquez aussi l'expression: L'échapper belle. Ils l'ont échappé belle.

BÉNÉFICE

Ne pas dire ou écrire: Pour le bénéfice des téléspectateurs, mais *à l'intention* (ou *en faveur*) des téléspectateurs. Ne pas dire: Il y a eu un récital pour le bénéfice des malades, mais au bénéfice des malades. Ne pas dire: une collecte pour le bénéfice des invalides, mais *au profit* des invalides. Ne pas dire: des bénéfices marginaux, mais des *avantages sociaux*.

37

BÉNÉFICIER

Ne pas dire: Ça va bénéficier à tout le monde, mais ça va *profiter* à tout le monde. *Bénéficier* signifie tirer du profit ou des avantages de quelque chose.

BÉNI ou BÉNIT

La forme *bénit(e)* s'emploie pour les objets consacrés religieusement. Du pain *bénit*, de l'eau *bénite*. Le drapeau fut *bénit* par l'évêque de l'endroit. Des médailles *bénites* par le Pape. Pour les personnes ou les actions, il faut employer béni(e). Les deux époux furent *bénis* par le missionnaire. *Bénie* soit la mort subite que je désire de tout coeur. Ils furent *bénis* par le grand-père.

BIEN QUE

Bien que est l'une des vingt-six conjonctions qui sont suivies du mode subjonctif. On l'oublie très souvent. Pourquoi écrire: Bien que des efforts sont faits dans ce but? alors qu'on devrait tout simplement écrire: Bien que des efforts *soient* faits. Ne pas écrire: Bien que ce progrès a ouvert de nouveaux horizons, mais: *ait* ouvert de nouveaux horizons.

BIENVENU

Vous êtes le bienvenu; bienvenue à tous les visiteurs; je vous souhaite la bienvenue. Aucun problème jusque-là, mais il y en a un quand on répond bienvenu(e) à ceux qui nous remercient. Quand on nous dit: Merci, on ne répond pas bienvenu(e) (welcome), mais on peut répondre par: *il n'y a pas de quoi, à votre service, de rien, ce n'est rien, je vous en prie.* Pourquoi dire: bienvenue, quand personne ne vient?

BLEUS

Encore un anglicisme: avoir les bleus. Pourquoi ne pas dire: *avoir le cafard, avoir des idées noires, broyer du noir, être maussade?* En parlant de bleu, ne pas oublier qu'il faut dire couleur *bleu marine* et non pas bleu marin.

BLOC

Ne pas dire: à deux blocs d'ici, mais *à deux rues d'ici*. *Bloc*, employé dans ce sens est un calque de l'anglais.

BONI ou BONUS

Il faut dire *boni*, car bonus n'existe pas dans les dictionnaires. *Boni* signifie surplus, excédent, bénéfice. On dit: mille dollars de *boni*; le *boni* du mois précédent va nous servir. Le pluriel de boni est simplement *bonis*. Il est donc bon de laisser tomber le mot bonus. Il y a les mots: *prime, cadeau, gratification, indemnités*.

BOUILLIR

Avant tout, je fais remarquer qu'on ne dit pas: Je bous le lait, mais je fais *bouillir* le lait. On ne dit pas non plus: Le lait bouille, mais: Le lait bout et au futur: Le lait *bouillira* et non bouillera.

BOUTE-EN-TRAIN

On n'écrit pas un bout-en-train, mais un *boute-en-train* et au pluriel *des boute-en-train* et non des bouts-en-train.

BRANCHE

Il y a des branches sur les arbres, mais pas dans les banques. On ne peut donc pas dire: dans quelle branche de la Banque de Montréal, mais dans quelle *succursale*.

BRAS

De nos jours, on peut tout aussi bien dire: *être en bras de chemise* ou *en manches de chemise*.

BRASSIÈRE

Ce mot étant considéré un anglicisme, on doit dire *soutien-gorge*.

BUREAU

Au lieu de dire: le bureau-chef de la compagnie, il faut dire: le *bureau principal* ou, encore mieux, le *siège social*. Évitez de dire aussi: le bureau des directeurs. Il faut dire et écrire: le *conseil d'administration*.

BUVARD

On peut dire soit un buvard, soit un papier buvard, même s'ils sont à peu près tous disparus de la circulation.

CADEAU

Quand on écrit: des cadeaux-souvenirs, il faut le trait d'union.

CALCULER

On peut calculer devant des chiffres, mais trop souvent on calcule à l'anglaise et l'on donne au verbe calculer d'autres significations comme penser, croire, compter, supposer. Il ne faut pas dire: Je calcule partir demain matin, mais je *compte*, je *pense*. Je calcule qu'il l'a fait exprès devrait se dire: Je *suppose*, j'*estime*. C'est un verbe qu'on emploie trop souvent à mauvais escient.

CANCELLER

Voilà un autre anglicisme dont on abuse trop souvent. On ne dira pas: J'ai cancellé mon rendez-vous, mais: J'ai *annulé* mon rendez-vous. Selon les cas, l'anglicisme canceller peut être remplacé par les verbes bien français: *contremander, décommander, rayer, biffer*.

CAPACITÉ

Il est erroné d'écrire: En sa capacité de président, il a donné des ordres. Il faut dire: À *titre* de président, *en sa qualité* de président... ou encore: *Dans ses fonctions* de président, il... Être capable, avoir la capacité de faire quelque chose est une autre paire de manches.

Quand on écrit *en tout cas*, il ne faut pas écrire *en tous cas*. *En tout cas* signifie *quoi qu'il arrive, de toute façon*.

CÉDULE, CÉDULER

Un autre anglicisme qui traduit schedule. Dans ce sens, il n'y a pas de cédule en bon français, mais un *calendrier*, un *horaire*, un *pro-gramme*. On ne dira pas: Voici la cédule des parties de hockey, mais le *calendrier*. On ne dira pas: Voici ma cédule pour aujourd'hui, mais mon *horaire* ou mon programme. Non pas: J'ai une cédule très chargée, mais un *emploi du temps*, un *horaire* très chargé.

Ne pas dire: Les cours sont cédulés de 9 h 00 à 11 h 00, mais les cours sont *établis*, sont *fixés*, sont *inscrits* à l'horaire. Non pas: Je dois cé-duler ma journée, mais je dois *planifier* ma journée.

CE ou IL

Attention aux deux structures suivantes: C'est facile à faire; il est facile de le contenter. Même chose pour: *c'est urgent*: Il est urgent de le faire; il est urgent que vous le fassiez. Avec l'adjectif seul ou suivi de *à*, il faut *ce* ou *c'*, mais avec l'adjectif suivi de *de* ou de *que*, il faut *il* comme sujet de *est* : C'est possible, mais: il est possible d'y aller, ou: Il est possible qu'il pleuve.

ÇA, Ç'A, CELA

Il est erroné d'écrire: Ça l'air d'une blague. On dira plutôt: *ç'a* l'air d'une blague. On dit bien: *Ça* arrive, et non: Ç'arrive. On dit toute-fois: *Ç'allait* être mon tour. Devant *a été, avait été, eut été*, etc., on évitera d'employer *ça* (utilisez plutôt *ç'*). On voit parfois: Ç'a dû être une erreur. Les bons auteurs suggèrent d'employer *cela*. Avec le verbe *être*, la question se pose moins. On dira facilement: C'est diffi-cile, et non: ça est difficile. Mais, à la forme négative, on dira: Ça n'est pas facile (ou mieux: *Ce* (*cela*) n'est pas facile).

Enfin, une petite remarque en passant: *cela* ne prend jamais d'accent grave (on voit souvent celà); *ça* en prend un dans l'expression *çà et là*. Voilà!

CE N'EST PAS QUE

Voilà une structure qui est toujours suivie du subjonctif: Ce n'est pas qu'il le *veuille* à tout prix. Ce n'est pas que je *sois* mécontent de cette décision.
Autres constructions négatives qui sont suivies du subjonctif:
Il n'y a rien qui *soit* plus faux.
Il n'y a personne ici qui le *sache*.
Il n'y a aucune raison qu'elle *n'ait* pu venir.

CENSÉ ou SENSÉ

Il est *censé* (supposé) revenir demain. C'est un lecteur très *sensé* (qui a beaucoup de bon sens). Alors, écrire: Un homme *sensé*, il est *censé* savoir ce qu'il dit.

CENT

Quatre cents; quatre cent trente et un (pas de trait d'union); cent un; cent trente (pas de trait d'union); deux cent mille soldats (mille est un adjectif numéral); deux cents millions d'années (millions est un nom); page trois cent (pas de s: la trois centième page); l'an quatorze cent; quatorze cents...

CE À QUOI

C'est une construction qu'on ignore ou qu'on massacre trop souvent. C'est une forme du pronom relatif dont on doit se servir avec les verbes habituellement suivis de la préposition *à*:
Voici ce à quoi je pensais et non ce que je pensais.
Voici ce à quoi je réfléchissais.
Voici ce à quoi nous faisons allusion.
Voici ce à quoi elle s'occupait.
Voici ce à quoi nous nous sommes accoutumés.
Voici ce à quoi ils se sont faits.
Voici ce à quoi ils s'étaient attendus.
Voici ce à quoi elle se fiait le plus.
Voici ce à quoi elle avait renoncé.
Voici ce à quoi on ne fait pas assez attention.

CE QUE ou CE DONT

On emploie *ce que* avec les verbes qui ont un objet direct et *ce dont* avec les verbes habituellement suivis de *de*:
Voici ce que j'ai acheté.
Voici ce dont nous nous servons.
Voici ce que j'ai écrit à ce sujet-là.
Voici ce dont je me souviens bien volontiers.

Forme fautive	*Forme correcte*
Voici ce qu'on se sert souvent	ce dont on se sert souvent
Voici ce que vous aurez besoin	ce dont vous aurez besoin
La situation que je me préoccupais	ce dont je me préoccupais
Voici ce que nous disposons comme renseignements	ce dont nous disposons...

CE QUE ou QU'EST-CE QUE

Il est erroné d'écrire: Je ne vous dirai pas qu'est-ce que j'en pense. Il faut écrire: Je ne vous dirai pas *ce que* j'en pense. Mais on écrira: Qu'est-ce que est réservé aux questions directes? Qu'est-ce que vous en pensez?

C'EST-À-DIRE

On oublie trop souvent qu'il s'agit d'un mot composé de trois mots toujours unis par des traits d'union. Très souvent on lit: c'est à dire. Il faut 2 traits d'union. Toujours.

C'EST MOI (TOI) QUI

Forme fautive	*Forme correcte*
C'est moi qui l'a fait	C'est moi qui l'ai fait
C'est toi qui t'est trompé	C'est toi qui t'es trompé
C'est moi qui m'est trompé	C'est moi qui me suis trompé
C'est moi et lui qui l'ont dit	C'est moi et lui qui l'avons dit
C'est moi qui s'en chargeait	C'est moi qui m'en chargeais

Il y a souvent des erreurs avec ces constructions, car ce n'est pas le *qui* qui compte, mais le pronom qui le précède, son antécédent; c'est ce pronom qui détermine la personne du verbe.

C'EST ou CE SONT

On dit: C'est moi et c'est nous, mais il est mieux de dire: *Ce sont* eux, au lieu de c'est eux. *Ce sont* mes amis, au lieu de c'est mes amis. *Ce furent* d'abord les bureaux, au lieu de ce fut...

CHACUN et CHAQUE

Chacun est pronom (employé seul), mais *chaque* est adjectif et il accompagne un nom. Il est donc erroné de dire: Ils en ont eu trois chaque. Il faut dire *chacun*. Comme on dit très bien: *Chacun* en a eu trois.

CHALOIR

Attention au verbe défectif: chaloir. On n'écrit pas: Peu me chaud de le savoir, mais peu me *chaut* (peu m'importe) de le savoir.

CHAMBRE

Encore un anglicisme quand on emploie ce mot pour dire un *bureau*, une *salle*, une *pièce*. Ne pas dire: La secrétaire est à la chambre 300, mais à la *pièce*, au *bureau*, à la *salle*.

CHANCE ou HASARD ou RISQUE

Ne pas dire: Je prends une autre chance, mais je cours un autre *risque*, je prends un autre *risque*. Ne pas dire: Par pure chance, mais *par hasard*. Ne pas dire: La chance a voulu que... mais *le hasard*...

CHANGE

Un autre anglicisme trop fréquent. Ne pas dire: Avez-vous du change? Donnez-moi mon change, mais: Avez-vous de la *monnaie*? Donnez-moi la *monnaie*.

CHARGE

Trop souvent on donne au mot charge des sens qu'il n'a pas. Ne pas dire: Il y a plusieurs charges contre cet individu, mais plusieurs *chefs d'accusation*. Ne pas dire non plus: Il y a une charge de dix dollars pour ce service, mais des *frais* de dix dollars. Ne pas dire: être en charge de, mais être *préposé à*, être *responsable de*, être *chargé de*...

CHARGER

Ne pas dire: Combien me chargez-vous? mais: Combien *demandez-vous*? Combien *exigez-vous*? Ne pas dire: charger tant de l'heure, mais: *demander* ou *prendre*. Ne pas dire: Vous chargerez cela à mon compte, mais vous *mettrez*, vous *porterez* cela à mon compte.

CHEF

Il faut écrire: des rédacteurs en chef sans traits d'union. Se rappeler d'écrire: des chefs-d'oeuvre avec un *s* à chef.

CHEZ

Dans *chez* avec un pronom, on met souvent un trait d'union inutile en écrivant: viens chez-moi; je vais chez-lui; venez chez-nous. Toute l'année on a vu dans une émission de télévision: chez-nous, chez-vous. Il n'y a pas de trait d'union, excepté quand le mot chez et le pronom forme un nom: J'ai mon chez-moi; il a un beau chez-lui; chacun a son propre chez-soi. Ne pas employer *chez* avec les noms de chose. Ne pas dire: chez le magasin Steinberg ou chez la bijouterie. Il faut dire: Aller *chez le* coiffeur et non au coiffeur.

CHERCHER

Pourquoi dire: Chercher pour ou chercher après? Il suffit de dire tout simplement: chercher. Ne pas dire: Je cherche pour le directeur, pour mon chapeau, je cherche après le gérant. *Chercher* tout seul est plus que suffisant pour trouver! *Chercher pour* vient de l'anglais: to look for. Toujours cette manie de traduire mot à mot! Même chose quand on entend: J'ai demandé pour lui (to ask for). Qu'on dise tout simplement: Je *l'ai demandé*, j'ai *demandé* de le voir.

CIBLE

Quand ce mot suit un autre nom il ne requiert pas de trait d'union. On doit écrire: Une clientèle cible, un montant cible.

CIGUË

Ce mot s'écrit toujours avec un tréma sur le *e*.

CI-JOINT, CI-INCLUS, CI-ANNEXÉ

Ces trois locutions adverbiales sont adverbes et invariables quand elles précèdent immédiatement le nom auquel elles se rapportent et quand elles sont placées en tête de phrase: Vous trouverez *ci-joint* copie de votre lettre. *Ci-inclus*, vous trouverez les deux copies demandées.
Elles sont adjectifs et variables si elles suivent le nom qu'elles qualifient ou si elles ne sont pas immédiatement devant le nom: La copie *ci-jointe (ci-incluse, ci-annexée)* vous renseignera. Vous trouverez ci-jointe une copie du règlement.

CIVIQUE

On ne peut pas dire: mon numéro civique, mais *mon numéro* ou *mon numéro de rue*. *Civique* signifie: *relatif au citoyen* (chacun a ses droits civiques) ou encore *patriotique* (avoir le sens civique). Quand on s'acharne à dire et à écrire: l'hôpital civique (ou pire, civic), alors qu'il faudrait dire: l'hôpital *municipal*, il y a un anglicisme. Même erreur quand on dit: Allez au Centre civique, au lieu de Centre *municipal*.

CLAIRER

On abuse beaucoup trop de ce verbe traduit de l'anglais: to clear.
Non pas le temps se claire, mais il *s'éclaircit*.
On ne claire pas un ouvrier, on le *congédie*, on le *met dehors*.
On ne claire pas la place, on la *laisse*, on la *quitte*.
On ne claire pas la table ou le bureau, on la ou le *débarrasse*.
On ne claire pas deux mille dollars, mais on *fait un bénéfice* net de...

CLE, CLEF

Quand ce mot suit un autre nom, on peut mettre un trait d'union ou non. On peut donc écrire: des positions clés ou des positions-clés; un poste clé ou un poste-clé, etc.

CLÉRICAL

En bon français, le mot clérical se rapporte au clergé uniquement. Il ne faut donc pas dire: un travail clérical, une erreur cléricale, mais un travail ou un emploi *de bureau*, une erreur *d'écriture* ou de *transcription*. Erreur fréquente dans les journaux! On peut cependant avoir une attitude cléricale, c'est-à-dire favorable au clergé.

CLORE

À la troisième personne du présent de l'indicatif il faut écrire: il clôt avec accent circonflexe. Il clôt ce long débat.

COMME

Attention à cet adverbe qui est bien traître. On ne doit pas dire: Un gros cochon comme moi ou comme lui, mais un gros cochon *comme le mien, comme le sien*. La comparaison est plus juste et moins offensante. Ne pas dire: un gros bouledogue comme elle, mais *comme le sien*.

COMMÉMORER ou CÉLÉBRER

On peut commémorer l'armistice de 1918, le débarquement de 1944; on peut commémorer une date fixe comme la mort de Napoléon le 5 mai 1821 ou la fondation de Rome le 21 avril de l'an 754 avant Jésus-Christ. Mais on célèbre un anniversaire, une fête, un souvenir. On peut célébrer un 25e anniversaire de mariage.

COMMERCIAL, COMMERCIAUX

Encore là un anglicisme flagrant, car le mot commercial en français est un adjectif: un centre commercial et non un centre d'achats, des agents commerciaux. Il est donc fautif de dire: il y a trop de commerciaux à la télévision; après le commercial; encore un commercial. Il faut dire en bon français: une annonce, une annonce (une *pause* ou un *message*) publicitaire.

COMPLAIRE (SE)

Le participe passé de *se complaire* reste invariable comme d'ailleurs celui des verbes plaire, déplaire: Elles se sont complu, plu, déplu.

COMPLÉTER

Attention à un autre anglicisme insidieux. Ne pas dire: il a complété sa sixième année, mais il *a fait*... Ne pas dire non plus: Veuillez compléter cette formule, mais: Veuillez la *remplir*.

COMPRÉHENSIF OU COMPRÉHENSIBLE

Compréhensif signifie qui comprend vite et bien, qui a l'esprit large, tandis que *compréhensible* signifie qui peut être compris. C'est un mari très compréhensif, avec qui on peut s'entendre. Cette chose est si compliquée qu'elle est incompréhensible. Avoir une écriture compréhensible, facile à comprendre, à lire. On ne dira pas: C'est un homme très compréhensible, car cet adjectif n'est que pour les choses.

COMPTE (SE RENDRE)

Il est bon de remarquer que le participe passé de ce verbe pronominal est toujours invariable. Souvent on doute ou hésite; Elles se sont *rendu* compte de leur erreur. (On rend compte *à* soi.)

COMPTE RENDU, COMPTE COURANT

On est porté à écrire ce mot avec un trait d'union, alors qu'il n'en a jamais. Un *compte rendu*, des *comptes rendus*. Même chose pour un *compte courant*, des *comptes courants*.

CONCLURE

Attention à certaines formes du verbe conclure, qui n'est pas de la première conjugaison en *er*. Ainsi, on devrait écrire: Je *conclus* au lieu de conclue; je *conclurai* au lieu de concluerai. Au participe passé: *conclu* et *conclue* au lieu de conclus, concluse.

CONDITION

On abuse du mot: condition au lieu d'état. Ne pas dire: mes pneus sont en excellente condition, mais en excellent *état*..

CONFORTABLE

Confortable ne s'emploie que pour les choses: un divan peut être très confortable, mais pas une personne. On ne peut donc pas dire: Comme je suis confortable sur ce sofa! On le peut en anglais, mais pas en bon français. Il faut dire: Je suis *à l'aise*, je suis *bien*. Un politicien peut aussi avoir une confortable majorité.

CONCERNÉ

Un autre mot dont on abuse trop. Ne pas dire: Je m'adresse à tous les concernés, mais à tous les *intéressés*. Ne pas dire: en autant que je suis concerné, mais: en ce qui me concerne, quant à moi. Ne pas dire: Ils sont très concernés par cette décision, mais ils sont très *préoccupés* par cette décision.

CONNEXIONS

Ne pas dire: Ils ont des connexions avec la pègre, mais ils ont des *relations*, des *connaissances*, des *influences*, des *ficelles*, des *liens* avec la pègre. Même chose dans la politique.

CONSIDÉRATION

Ici il y a deux structures à éviter: Je n'accepterai pas ce compromis pour aucune considération, et: Après considération, nous avons accepté. Dans ces deux cas, il faut dire: Je n'accepterai pas ce compromis *pour rien au monde, sous aucun prétexte, à aucun prix.* Quant à l'autre, il faut dire: *Après réflexion, à la réflexion,* nous avons accepté.

CONQUÉRIR

Le participe passé de ce verbe irrégulier est *conquis* et jamais conquéri comme on entend trop souvent, hélas!

CONSENTIR

De nos jours, on préfère la structure *consentir que* à *consentir à ce que.* On dira donc: Je consentirai que vous le fassiez.

CONTIGU

Voir *aigu, ambigu.*

CONVENIR

Ce verbe devrait se construire avec être lorsqu'il signifie tomber d'accord: Nous *étions* convenus de nous rencontrer de nouveau. Il se construit avec avoir lorsqu'il signifie être approprié: Cet habit lui *aurait* bien convenu.
Mais aujourd'hui on a tendance à ne recourir qu'à l'auxiliaire avoir dans tous les cas.

COPIE

En parlant du journal, on ne dira pas: Achètes-en une copie, mais un *numéro.* En parlant d'un libre, on ne dira pas: Peux-tu m'en procurer une copie mais un *exemplaire.* Mais on dira avec raison: Fais-moi une copie de cette lettre.

COQ ou COQUE

On ne dit pas: Un oeuf à la coq, mais à la coque (coquille). Un coq-à-l'âne, des coq-à-l'âne (invariable). Passer du coq à l'âne. La coque d'un navire.

COSMOPOLITE

Il faut éviter l'influence anglaise et ne pas dire: cosmopolitain, mais cosmopolite.

CÔTÉ

On peut écrire: De tout côté ou de tous côtés. L'autre jour, je lisais dans le journal : C'est arrivé de ce côté de la rivière. Pas très clair. De quel côté? Il est clair qu'il faut écrire: C'est arrivé de ce côté-ci ou de côté-là de la rivière.

Faut-il dire: Chacun de son côté ou de leur côté? Tous les deux sont bon, selon qu'il s'agit du sens distributif ou collectif.

COULEUR (ADJECTIFS INDIQUANT LA)

Les adjectifs de couleur s'accordent normalement: une cravate blanche; des chemises blanches. Mais si un nom devient adjectif, il n'y a pas d'accord: des blouses orange; des cravates olive; des yeux noisette; des perruques marron.

Certains noms cependant employés comme adjectifs de couleur s'accordent: écarlate, mauve, pourpre, rose.

Lorsque l'adjectif de couleur est exprimé par deux mots pour indiquer la nuance, il ne s'accorde pas: une décapotable vert clair; des robes vert pomme; des chemises bleu clair; des cravates gris-bleu (trait d'union pour deux termes de couleur); de l'encre bleu-noir; des blouses bleu marine (jamais bleu marin); des chiens noir et blanc; des drapeaux bleu, blanc, rouge; des cheveux poivre et sel.

Les adjectifs exprimant des nuances s'accordent: des eaux verdâtres, bleuâtres, noirâtres; des blouses orangées.

COURS

Ne pas dire: Dans le cours du mois, mais dans le courant du mois ou au cours du mois. Au lieu de dire: Pour couper court (to cut short) il faut dire: En bref ou Pour en finir.

COURT (MOYEN ou LONG) MÉTRAGES

Les mots *court métrage* et les *courts métrages* n'ont pas de trait d'union, non plus que moyen ou long métrage.

CRAINDRE

On hésite souvent sur la construction que requiert le verbe craindre (ou tout autre verbe ou locution exprimant la même notion, comme de peur que, de crainte que, avoir peur que, redouter que...). Quand on craint qu'une chose (ne) se produise, parce qu'on ne désire pas qu'elle se produise, l'emploi de *ne* est explétif: Il craint beaucoup que sa nouvelle entreprise *n'*échoue (c'est-à-dire: Il ne veut pas qu'elle échoue). Quand on craint que la chose ne se produise pas, parce qu'on voudrait bien qu'elle se produise, on emploie *ne...pas*: Je crains que vous ne soyez pas assez juste envers lui (c'est-à-dire: Je voudrais que vous soyez, que vous fussiez plus juste envers lui).

CRIMINEL

On ne dira pas: le Code criminel, mais le *Code pénal.* Cependant, il est bien de dire: L'alcool au volant, c'est criminel.

CROIRE

Le verbe *croire* employé à la forme négative et souvent à la forme interrogative requiert le subjonctif: Je ne crois pas qu'il m'ait compris. Nous ne croyons pas qu'il soit revenu. Croyez-vous qu'il soit capable de le faire? Pourquoi le subjonctif ? Parce qu'il y a dans ces phrases une expression de doute, de possibilité. Souvent quand le doute est moins senti, on rencontre le futur: Je ne crois pas qu'il reviendra à temps. Pensez-vous, croyez-vous qu'il pourra le faire tout seul?

CROÎTRE

Attention pour ce verbe à l'accent circonflexe pour le distinguer d'avec le verbe croire. Il *croit* en Dieu, mais il *croît* en sagesse. Les deux participes passés: il a *cru* (croire) et il a *crû* (croître).

DANS ou EN

Ne pas dire: Dans l'espace de deux heures, mais simplement en deux heures. Ne pas dire: deux mauvaises nouvelles dans un jour, mais en un jour. Ne pas dire: la quatrième dans une série de six, mais d'une série de six. Ne pas dire: je peux commencer ce travail en trois jours, mais dans trois jours.

DANS ou SUR

On doit dire:
assis dans un fauteuil et non sur un fauteuil;
assis sur une chaise et non dans une chaise.

DAVANTAGE ou D'AVANTAGE

On confond souvent ces deux mots, car on écrit plus souvent avec les oreilles qu'avec la tête! En effet, pourquoi écrire: Ottawa devrait aider d'avantage les plus démunis; cela renforce d'avantage mes convictions: pensez-y d'avantage; nous en exigeons d'avantage. Dans tous ces cas, il est évident qu'il faut l'adverbe *davantage* en un seul mot (adverbe) et non le nom avantage avec la préposition *de* ou *d'*. Parfois on entend: davantage de temps, davantage d'argent, mais il serait préférable de dire: plus de temps, plus d'argent. On entend aussi: Il travaille davantage que son frère, mais il serait mieux de dire: Il travaille plus que son frère.
Il est préférable de dire: Cette année, il étudie davantage, au lieu de dire: Cette année il étudie plus.
Rappelez-vous cette phrase: Même si je n'y trouve pas d'avantages (de profit) je travaillerai davantage (plus).

DE (avec négation)

Ils ont des enfants, mais il n'ont pas d'enfants. Il vend du pain, mais il ne vend pas de pain. Il achète des billets, il n'achète pas de billets. Il prend des risques, il ne prend pas de risques.

DE ou DES

Beaucoup d'erreurs ici dans l'emploi de *de* (partitif) et de *des* (articles au pluriel): Il faut dire: Il a de beaux enfants et non des beaux enfants; des conseillers, mais de bons conseillers; des cauchemars, mais d'horribles cauchemars. Des problèmes, de graves problèmes.

DE ou D'ENTRE

On ne dira pas: Pas un d'eux ne sera oublié, mais: Pas un *d'entre eux* ne sera oublié. On ne dira pas: Plusieurs d'eux m'ont menti, mais: plusieurs *d'entre eux* m'ont menti.

DE ou DONT

On ne dit pas: C'est ce livre-là dont je parlais, mais c'est de ce livre-là que je vous parlais. Ne pas dire: C'est de lui dont je parlais, mais: C'est de lui que je parlais.

DE ou POUR

Attention à l'emploi de certaines prépositions. Ne pas dire: Faire une demande pour du renfort, mais une demande *de* renfort. Il a fait une demande pour 100 caisses devrait se dire: une demande *de* 100 caisses. Ne pas dire: Il y a nécessité urgente pour des nouveaux investisseurs, mais: une nécessité urgente *de* nouveaux investisseurs. Non pas: Meilleurs voeux pour une nouvelle Année, mais de nouvelle Année.

DÉBARRASSER

Puisque le mot débarras s'écrit avec deux *r*, pourquoi écrire si souvent le verbe débarrasser avec un seul *r* ? Si l'on se *débarrassait* de cette faute, on pourrait alors dire: bon *débarras*!

DÉBOSSELAGE

En bon français, on dit *débosselage* au lieu de débossage.

DEBOUT

Bien surpris l'autre jour de lire dans un journal une grande nouveauté: debout avec un *s* au pluriel: Debouts, ils regardaient ce qui s'y passait. Debout étant adverbe de position, il reste invariable même si tous sont debout.

DÉBUTER

Voilà une erreur si fréquente avec le verbe débuter, qu'on se demande si l'usage aussi fréquent de ce verbe avec un complément direct ne finira pas par s'imposer. Jusqu'ici le verbe débuter est un verbe intransitif, qui n'a pas de complément direct et cependant tous les jours on entend: Il a bien débuté son concert; nous débuterons l'année; ils ont débuté la réunion. En somme, on débute tout, tandis que tout devrait débuter. Au lieu de dire: Il a bien débuté son premier concert, on devrait dire tout simplement: Il a bien *commencé* son concert, ou: Son concert *a bien débuté*. Au lieu de dire: Nous avons débuté notre long voyage à Paris, on peut dire: Notre long voyage *a* débuté à Paris, ou encore: On *a commencé* notre long voyage à Paris. Encore plus gros: Notre croisière a été débutée avec succès. Bien sûr, il aurait fallu dire: Notre croisière a débuté avec succès.

DÉCADE ou DÉCENNIE

Décade, selon l'étymologie grecque signifie, *dix jours*, tandis que *décennie*, selon l'étymologie latine, signifie *dix ans*. À cause de l'influence de l'anglais, on est porté à remplacer le mot décennie par le mot décade (a decade). Dans le mot décennie, il est facile de découvrir le mot année. Il ne faut donc pas dire en parlant des trente dernières années: les 3 dernières décades, mais les 3 dernières décennies.

DÉCRÉPI ou DÉCRÉPIT

Décrépi est le paticipe passé de *décrépir* et signifie que quelque chose a perdu son crépi. Il faut écrire: décrépi et décrépie: Un mur *décrépi*, une façade *décrépie*. *Décrépit* est un adjectif et signifie vieux, sénile, malade, ridé. Il faut écrire: décrépit, décrépite: Un vieillard *décrépit*, une sexagénaire *décrépite*.

DE D'AUTRES

Pourquoi cet usage trop fréquent, presque continuel, de deux prépositions *de* ? La fréquentation de d'autres amis; la fréquence de d'autres erreurs; l'usage de d'autres prépositions. Un seul suffirait.

DÉFECTER

Un verbe qu'on ne trouve nulle part, excepté dans un journal l'autre jour: Il a défecté lui aussi. À la suite du mot *défection*, on crée de toute pièce un verbe nouveau, mais horrible: défecter. On pourrait dire la même chose avec des verbes existants: abandonner, trahir, apostasier, se retirer.

DÉFINITIVEMENT

Un autre anglicisme trop fréquent. En bon français, l'adverbe définitivement signifie: de façon définitive, c'est final. On l'emploie trop souvent pour dire: *certainement, assûrément, bien sûr.* Exemples à ne pas suivre: Vas-tu m'accompagner? Définitivement. Admettez-vous cette thèse? Définitivement. C'est définitivement mieux ainsi. Il est certainement mieux de se débarrasser de l'adverbe définitivement. Ce devrait être définitif!

DÉLIVRER

Délivrer veut dire: libérer. C'est là un anglicisme par lequel on veut remplacer le verbe livrer. Pourquoi dire: Nous délivrons, alors qu'on veut tout simplement dire: Nous *livrons* la marchandise, ou: livraison à domicile... Ah! délivrez-nous de ce mot!

DEMANDE

Ne pas dire: un article très en demande, mais très *demandé*, très *recherché*, très *populaire*.

DEMANDER

Évitez l'anglicisme: demander une question. On *pose* une question. On peut demander quelque chose, mais on pose une question. Évitez aussi l'anglicisme: demander pour. A-t-il demandé pour moi? J'ai demandé pour le gérant (to ask for). A-t-il *demandé de* me voir? *M'a-t-il demandé*? J'ai *demandé le gérant* ou *de voir* le gérant.

DÉMÉNAGER

Faut-il l'auxiliaire être ou avoir? Tous les deux sont bons. On peut dire: Je suis déménagé depuis trois ans (indique l'état, la situation) et: J'ai déménagé il y a trois ans déjà (indique l'action, le changement).

DEMEURER

Avec l'auxiliaire avoir ou être? Tous les deux. On peut dire: La police est demeurée sur les lieux en attendant l'ambulance. J'ai demeuré 15 ans boulevard de la Concorde. Tous dépend de l'état ou de l'action. *Être* pour l'état et *avoir* pour l'action.

DEMI

Une autre source d'erreurs pour rien. C'est bien simple. *Demi* placé devant le nom est toujours invariable. Alors pourquoi écrire: une demie-heure, les demies-finales? Il faut dire: *demi-heure, demi-finales. Demi* s'accorde quand il est après le nom: il faut écrire *une heure et demie* et non demi. Écrire un mille et demie est encore pire, car mille est masculin.

DÉPOURVU

Une personne peut être dépourvue de volonté. Là, l'adjectif dépourvu est variable, mais dans la locution *au dépourvu*, dépourvu est invariable. On ne peut donc pas écrire: Elle fut prise au dépourvue.

DEPUIS

Ne pas dire: On vous parle depuis Berlin, mais de Berlin, à partir de Berlin.

DÈS

Erreur lue l'autre jour: Dès la tempête passée. Il faudrait dire: *Dès que* la tempête fut passée ou *dès la fin de* la tempête. À remarquer aussi que *dès que* n'est pas suivi du subjonctif, comme dans cette phrase du journal d'hier: Dès que le candidat soit choisi, on le présentera. Il est clair qu'il faudrait dire: Dès que le candidat sera choisi...

DÉTONER ou DÉTONNER

Détoner avec un seul *n* signifie produire un bruit, exploser comme dans le mot détonation. *Détonne* signifie sortir du bon ton, chanter faux. Pour quelqu'un qui chante faux, on ne dira pas: Il détone, mais il *détonne*. On ne dira pas: Le canon a détonné, mais il a *détoné*.

DIRE et ses DÉRIVÉS

Indicatif
Dire	vous dites (jamais: disez)
Redire	vous redites
Contredire	vous contredisez
Dédire (se)	vous vous dédisez
Médire	vous médisez

Impératif
dites
redites
contredisez
dédisez (vous)
médisez

Attention au verbe dire et aux pronoms qui l'accompagnent à l'impératif:

Forme fautive
dites-nous-le
dites-moé-le
dites-le-nous pas
dites-moé-lé pas

Forme correcte
dites-le-nous
dites-le-moi
ne nous le dites pas
ne me le dites pas

DIRECTIONS

Ne pas dire: Lisez les directions sur la bouteille, mais: Lisez le *mode d'emploi.*

DISCONNECTER

Pourquoi ne pas dire tout simplement en bon français: *débrancher, ôter, détacher* ? au lieu de dire: Disconnecte donc le toaster, qu'on dise tout simplement: débranche donc le grille-pain! (Les rôties n'en seront que meilleures!)

DISPOSER DE

Disposer de en bon français signifie avoir à sa disposition, faire ce qu'on veut de ce qu'on a. Je dispose de deux heures libres. Mais on le met souvent à beaucoup d'autres sauces préparées à l'anglaise. Pourquoi dire: Ils ont disposé des Canadiens par 6 à 4? au lieu de dire: ils ont battu, ils ont vaincu... Ne pas dire: Il a disposé de ces articles inutiles, mais: Il *s'est débarrassé* de ces articles, il *a détruit* ces articles... Puis le verbe *disposer de* se construit avec *dont* et non pas avec le pronom relatif *que.* Ne pas écrire: Avec les ressources que le Canada disposait alors, mais dont le Canada disposait alors.

DISSOUDRE

Le participe passé est dissous, dissoute et non pas dissolue.

DIT, DITE

Quand on combine les mots dit et dite avec un article, ils s'écrivent en un seul mot: ledit marchand; ladite fermière; lesdits citoyens; il alla auxdites invitations; relisez l'article susdit.

DIVORCER

Le verbe est *divorcer* et non à la forme pronominale *se divorcer*. Ils *ont divorcé* et non pas: Ils se sont divorcés. On peut avoir l'auxiliaire être ou avoir, selon qu'il s'agit de l'état ou de l'action: Elle a divorcé le mois passé. Il est divorcé depuis deux ans. Elle a finalement divorcé d'avec lui. On peut dire: divorcer d'avec, avec ou de.

DONT ou QUE

Les verbes transitifs directs veulent *que* et les verbes intransitifs suivis de *de* veulent le pronom relatif *dont* ou *duquel*. Il y a donc des erreurs monumentales dans les phrases massacrées qui suivent:
Une prison qu'on ne peut s'échapper.
Une chose que je me rends compte.
Voilà les livres que j'ai de besoin.
C'est de ça dont il m'a parlé.
Avec les ressources qu'il disposait.
Les beaux vêtements dont elle portait hier soir.

Il est évident que dans ces cas, il faut écrire:
Une prison de laquelle (ou dont) on ne peut s'échapper.
Une chose dont je me rends compte.
Voilà les livres dont j'ai besoin.
C'est de ça qu'il m'a parlé.
Avec les ressources dont il disposait.
Les beaux vêtements qu'elle portait hier soir.

DOUTER, SE DOUTER

Douter que est suivi du subjonctif: Je doute qu'il puisse le faire si vite. *Ne pas douter que* veut aussi le subjonctif, mais sans *ne*: Je ne doute pas qu'il ait fait de son mieux. Si l'on veut insister sur la réalité d'un fait, on peut mettre l'indicatif: Je ne doute pas du tout qu'il fera, qu'il va faire tout son possible.

Se douter n'est jamais suivi du subjonctif: Je me doutais un peu qu'il ne viendrait pas. Elle se doutait bien que je ne comprenais pas ce qu'elle disait.

DRASTIQUE ou DRACONIEN

Drastique est réservé aux purgatifs très énergiques. Donc, on ne dira pas: Il a pris des mesures drastiques, mais des mesures draconiennes. Dans ce cas, drastique est encore un anglicisme. On ne prend pas des moyens drastiques, mais des moyens *énergiques, vigoureux, radicaux, draconiens.*

DROIT

Je veux souligner le fait qu'on doit dire: des *droits d'auteur* ou des *redevances* et non des royautés. Ne pas dire: L'éditeur ne m'a pas payé mes royautés, mais: mes *droits d'auteur* ou mes *redevances.*

DÛ, DUE

Quand il s'agit de *dû*, on recourt beaucoup trop à l'anglais. Ne pas dire: Je suis dû pour aller chez le coiffeur, mais je suis mûr, c'est le temps d'aller... Ne pas dire: Dû au fait qu'il était malade, il a dû s'absenter, mais: Du fait qu'il était (comme il était) malade, il a dû s'absenter. Ne pas écrire: Tout cela fut retardé due à une grève imprévue, mais: Tout cela fut retardé, *à cause, à la suite* d'une grève imprévue. Ne pas dire: Le train est dû à sept heures, mais le train *doit* arriver, le train est *attendu à* sept heures. Ne pas dire: Dû au mauvais temps, je ne sors pas ce matin, mais: *à cause* du mauvais temps...

E

E (inutile)

Forme fautive	*Forme correcte*
vous vous batteriez	vous vous battriez (battre et non batter)
vous vous attenderiez	vous vous attendriez (attendre)
il concluera	il conclura (conclure et non concluer)
il y incluera	il y inclura (inclure)
il pourvoiera	il pourvoira (pourvoir)
l'amitiée, les activitées	l'amitié, les activités (sont déjà au féminin)

É, ER, EZ

Trop souvent, on se laisse guider par l'oreille et non par la logique ou la grammaire: C'est ainsi qu'on rencontre souvent des erreurs grossières comme les suivantes:
un fond doit être créer (*créé*);
il devra alors être gérer par... (*géré*);
c'est lui qui nous a fait remarqué que... (*remarquer*);
ils m'ont fait passé la nuit au sous-sol (*passer*);
je souhaiterais vous informez que (*informer*);
ils vont vous demandez des formules (*demander*).

ÉCHOUER ou ÉCHOIR, RÉUSSIR

Au lieu d'écrire: Cette responsabilité lui a échoué du soir au matin, il aurait fallu écrire: Cette responsabilité lui est *échue*... Puis, à propos du verbe échouer, il faut se rappeler que c'est un verbe intransitif, qui n'a pas de complément direct. On ne peut donc pas écrire: Il a échoué ses deux examens. Voici les deux examens qu'elle a échoués. Il faut dire: Il a échoué *à* ses deux examens. Voici les deux examens *auxquels* elle a échoué ou les deux examens qu'elle a *manqués*, qu'elle a *ratés*. C'est la même chose pour le verbe *réussir*. On réussit à un examen, on réussit à un test. Autre erreur que je viens de voir: Il subit l'examen, mais l'échoue. Il faut dire: Il subit l'examen, mais le manque, le rate.

ÉCHANGE ou CHANGE

Échange est masculin. On ne peut donc pas écrire: de telles échanges; des échanges avantageuses, mais de *tels* échanges, des échanges *avantageux*. Puis, il ne faut pas employer échange pour dire change. Ne pas dire: il y a des frais d'échange pour ce chèque, mais des *frais de change*.

ÉCLAIR

Éclair est toujours masculin. Alors pourquoi dire: une éclair? Puis il faut remarquer que le mot éclair qui suit un autre nom est un adjectif invariable et n'a pas besoin d'un trait d'union. Il faut donc écrire: une visite éclair; une fermeture éclair; des ateliers éclair.

ÉCLAIRER ou ÉCLAIRCIR

Un député disait souvent: Je veux éclaircir mes électeurs, au lieu de dire: Je veux éclairer mes électeurs. À force de les *éclaircir* (les diminuer, les éloigner) il en restait très peu à *éclairer* (renseigner).

ÉCRIRE

Éviter d'écrire: *Écrire pour* comme dans cette phrase: J'ai écrit pour des renseignements (to write for). Dites plutôt: Demander des renseignements par écrit ou encore: J'ai écrit pour demander des renseignements.

ÉDITION

Il faut écrire: des maisons d'édition (sans *s*) et non des maisons d'éditions... Mais *Les éditions Asticou*, c'est très bien aussi!

EFFECTIF, EFFICACE, EN FORCE

Il faut dire une méthode, une médecine, un médicament *efficace* et non effectif (un anglicisme). Mais on peut avoir: une aide effective, des résultats et des avantages *effectifs*. Il n'y a pas de sirop effectif, mais *efficace*.

Puis attention aux anglicismes très fréquents qu'on rencontre dans des phrases comme celles-ci: Ce règlement deviendra effectif le premier septembre. Ce règlement est en force à partir d'aujourd'hui. Il faut écrire: Ce règlement *entrera en vigueur* le premier septembre. Ce règlement *a force de loi* ou *entre en vigueur* à partir d'aujourd'hui.

EH BIEN! ou ET BIEN

Erreur trop fréquente. On s'y laisse diriger par l'oreille encore. Au commencement d'une phrase exclamative il faut: *Eh bien*! et non pas le simple: Et bien, qui ne contient aucune exclamation. Dans un journal d'hier, j'ai lu: Et bien! ce n'est pas vrai. *Eh bien!* ce n'est pas vrai que *Et bien!* soit bien dit!

ÉLÈVE ou ÉTUDIANT

Une enseignante ne peut pas dire: J'ai trente-deux étudiants en 5e année (ce sont des jeunes de 10 à 12 ans). Un professeur ne peut pas dire à son tour: j'ai quarante élèves en 3e année universitaire; ces élèves aiment bien leurs cours universitaires. À l'élémentaire, ce sont des *élèves* ou des *écoliers*; au collégial et à l'Université ce sont des *étudiants*.

ÉLIGIBLE

Encore un anglicisme à éviter. On ne dira pas: Il est éligible à cet emploi, mais il est *admissible* à cet emploi, il est *qualifié* pour cet emploi. On n'est pas non plus éligible à voter, mais on *a le droit de vote*.

ÉMOUVOIR

Attention au participe passé. Entendu l'autre jour à la radio: Terry Fox a émouvé le monde entier. Ce n'est pas émouvé, mais *ému*, comme *mu* pour mouvoir, *promu* pour promouvoir.

EMPHASE

Le mot *emphase* signifie uniquement une exagération prétentieuse dans le ton, le style ou l'expression. On peut donc s'exprimer avec beaucoup d'emphase. Mais ce mot devient un anglicisme lorsqu'on dit ou écrit: Mettons l'emphase sur le problème du chômage. Il faudrait écrire: *Mettons l'accent, insistons sur* le problème du chômage. *Mettons en relief* ce problème.

EN (inutile)

Attention aussi au *en* inutile et redondant, comme dans les phrases suivantes: Il n'y en avait pas de nouveaux membres; c'était loin d'en être fini; je vous en reparlerai de tout cela; il n'y en avait qu'un seul médecin ce soir-là; en autant que je suis concerné. Dans toutes ces phrases le *en* est complètement inutile.

EN ou Y

Avec le verbe *s'attendre à* il faut *y* et non *en*. Alors ne pas dire: Je m'en attendais depuis longtemps, mais je *m'y* attendais. Ne pas écrire: Il ne faut pas s'en attendre, mais: il ne faut pas *s'y* attendre.

ÉNIÈME

On lit souvent *ennième* pour dire la *énième* fois. Ce mot doit s'écrire, soit *énième* ou *nième*, mais jamais ennième.

ENJOINDRE

Comme on dit: *enjoindre à* quelqu'un, pourquoi entend-on tous les jours: Je l'enjoins de ne rien dire? Je les ai enjoints de se taire? Il aurait fallu écrire: Je *lui ai enjoint* de ne rien dire. Je *leur ai enjoint* de se taire. Cette erreur est si fréquente que l'usage pourrait bien finir par s'imposer.

ENQUÉRIR (S')

Attention à ce verbe irrégulier dont le participe passé est *enquis* et non enquéri, comme je l'ai lu la semaine passée dans cette phrase: Il s'est ensuite enquéri du résultat. Il faut dire: Il s'est ensuite *enquis* (informé) du résultat. Même chose pour les verbes: *conquérir* (conquis), *acquérir* (acquis), *requérir* (requis).

ENQUÊTER

On peut enquêter sur un individu, sur une chose. N'ayant pas de complément direct, ce verbe n'a pas de forme passive et alors on ne peut pas écrire: On est tanné d'être enquêté pour des riens. Voilà des gens qu'on a enquêtés une autre fois. On pourrait écrire: On est tanné d'être *interrogé, questionné* pour ou sur des riens. Voilà des gens *sur qui (lesquels)* on a enquêté, qui *ont été interrogés, questionnés* une autre fois...

ENREGISTRER

Enregistrer veut dire tout simplement inscrire sur un registre. On dit bien: *sur* et non dans un registre. Registre n'a pas d'accent aigu; ce n'est donc pas un régistre. Puis, tout en se basant sur l'anglais, on lui donne beaucoup d'autres usages qui sont tous incorrects. Pourquoi dire: une lettre enregistrée? alors qu'il faut dire: une *lettre recommandée*. Pourquoi dire: s'enregistrer à un cours, s'enregistrer à l'université, s'enregistrer à l'hôtel, à un congrès? alors qu'il suffit de dire: *s'inscrire*.

ENTROUVRIR

Depuis 1932, ce verbe s'écrit sans apostrophe. On n'écrit plus: entr'ouvrir. Puis attention à la conjugaison. On ne dit pas: j'en trouve, mais *j'entrouvre* (c'est le verbe entrouvrir et non le verbe entrouver). On ne dira pas: entrouve cette porte, mais *entrouvre*...

ENVIRON

Erreur que j'ai rencontrée maintes fois: environ une vingtaine; environ une centaine. Une vingtaine indique déjà environ 20. Ne pas dire: aux environs de 200 $, mais environ 200 $.

ÉTAMPER

Ne pas dire: Il a bien étampé ce document, mais il a bien *apposé le timbre* sur ce document; il a bien timbré ce document; il a bien *estampillé* ce document; il a bien *affranchi* ce document.

ÉTANT DONNÉ

Étant donné est aujourd'hui rangé dans la catégorie des *attendu, excepté, vu, y compris* et il reste invariable s'il est placé devant le nom et s'accorde s'il est placé après: Étant donné ses grandes possibilités... Ses grandes qualités étant données, il a pu s'imposer.

ÉTANT (comme)

Au lieu de dire *comme étant*, qu'on dise tout simplement *comme*. Dire: Ils ont rejeté ces propositions comme trop coûteuses et non: comme étant trop coûteuses.

EU

Attention au participe passé du verbe avoir. Il faut écrire: Malgré tous les honneurs qu'il a eus, mais: Nombreux sont les honneurs qu'il y a eu dans toute sa vie. Le participe passé de *y avoir*, il y a eu, est invariable comme verbe impersonnel.

EUT

Il eut au passé défini n'a jamais d'accent circonflexe. Il eût est réservé à l'imparfait du subjonctif et au conditionnel passé 2e forme. Afin qu'il eût le temps de distinguer entre *il eut* (indicatif) et *il eût* (subjonctif). Plus choquant encore: ils eûrent; ces incidents eûrent lieu hier. Quand on doute, on devrait chercher dans une vieille grammaire jaunie, mais toujours très utile.

EUX

Pourquoi dire: Il s'en va chez-eux? Il s'agit de il, lui. Alors qu'on dise donc: Il s'en va chez lui. Dans ce cas, chez lui et chez eux ne veulent pas de trait d'union.

ÉVAPORÉ

Ne pas dire: du lait évaporé, mais du lait *concentré*. S'il s'évapore trop, il n'en restera pas pour le café!

ÉVÉNEMENT

Ce nom requiert deux accents aigus. On rencontre souvent ce nom avec un accent aigu et un accent grave: évènement. Pourquoi? Peut-être l'influence du mot: avènement. Ça devient une erreur pas mal énervante, même s'il s'agit d'un simple accent.

ÉVITER QUE

Avec le verbe: *éviter que*, il faut le subjonctif: Il faudra éviter que cela ne se reproduise. Remarquer aussi le *ne* explétif.

EXCLURE

Alors qu'on est porté trop souvent à écrire: exclus et excluse au participe passé de ce verbe, il faut écrire: exclu et au féminin exclue. Éviter la contagion d'inclus et incluse.

EXPIRER

Ce verbe peut êre conjugué avec avoir (action) ou être (état) : Le bail est expiré depuis un mois. Votre bail a expiré hier. Le malade a expiré vers minuit.

EXTENSION

On abuse beaucoup de cet anglicisme. En parlant du numéro de téléphone pourquoi dire: Appelez à l'extension 25? alors qu'on doit dire au *poste* 25 ou au *local* 25.
Pourquoi dire: Il a obtenu une extension de son bail? alors qu'on doit dire une *prolongation*. Le mot extension (étendue) n'a trait qu'à l'espace, non au temps.
Ne pas dire: une belle table à extension, mais: une table à *rallonge*.

FACE

Face à face, locution adverbiale, s'écrit sans trait d'union; mais le nom *face à face* peut s'écrire avec ou sans trait d'union. Attention au verbe: *faire face à* . On ne peut pas écrire: Voici les problèmes que j'ai à faire face, mais: Voici les problèmes auxquels j'ai à faire face.

Et puis la très belle expression, parfois très musicale: Faire face à la musique (to face the music), mais qui est un anglicisme. Il faut dire: Faire face à la situation, affronter la situation.

FACILITÉS

On peut parler avec facilité, avoir la parole facile, mais encore ici on invente des facilités anglaises et l'on dit: Dans ce petit village, on a toutes les facilités possibles, alors qu'il faudrait dire: toutes les *commodités*, tous les *services*, toutes les *installations*. On ne dit pas: Pas assez de facilités dans le nouveau Palais des congrès. Aux mots susmentionnés appropriés on pourrait ajouter: les *aménagements*, les *locaux*.

FAÇON

Surveiller de près la locution: la façon de. Ne pas écrire: Je n'aime pas la façon qu'il m'a répond, mais la façon dont il m'a répondu.

Ne pas dire: La façon qu'elle procède m'énerve, mais la façon dont elle procède m'énerve.

Attention aussi à la locution *de façon que* au lieu de *de façon à ce que* qui est trop lourde. Il vaut mieux écrire: *de façon que* vous puissiez venir avec nous, au lieu de dire: de façon à ce que vous puissiez venir avec nous.

FAILLIR

D'abord il faut dire: J'ai *failli tomber* et non j'ai failli de tomber. Puis il faut surtout surveiller le verbe faillir qui n'a pas de complément direct et pas de forme passive. Alors il est erroné d'écrire: Voilà les deux matières qu'elle a faillies. Il a failli deux de ses tests. Un avocat failli doit être radié pour toujours. Il faudrait écrire: Voilà les deux matières qu'elles a *manquées, ratées*. Il a *failli à* deux de ses tests. Un avocat raté, manqué, qui *a failli*, doit être radié pour toujours. Ce sont là des phrases que j'ai recueillies un peu partout. Aucune n'est de mon cru, de mon invention.

FAIRE (+ infinitif)

Se rappeler que le participe passé du verbe faire est toujours invariable quand il est suivi d'un autre verbe à l'infinitif. Il faut donc écrire: L'annonce que j'ai fait paraître dans le journal. Les souliers qu'il a fait réparer. La robe qu'elle a fait teindre. Il y a donc erreur dans les phrases: La robe que j'ai faite faire pour mon mariage. Les toits que nous avons faits réparer.

FAIRE UN FOU DE MOI

Il est clair que cette locution est un calque de l'anglais. On ne doit pas dire: Je ne veux pas faire un fou de moi, mais: je ne veux pas *faire rire de moi*, je ne veux pas *me rendre ridicule*.

FATALITÉS

La fatalité a affaire avec le destin, le sort, pas avec les routes. Il est donc erroné de dire: Les fatalités de la route sont trop nombreuses. Il faut dire: les *accidents mortels, les morts* sur les routes. C'est peut-être fatal, mais ce ne sont pas des fatalités!

FATIGANT et FATIGUANT

Quand vient le temps d'écrire le mot fatigant, on se demande souvent s'il faut un *u* ou non. Voici la norme qui peut nous orienter. Il faut un *u* ou un *e* avant ANT lorsqu'il s'agit du participe présent (action) du verbe et pas de *u* lorsqu'il s'agit de l'adjectif pur et simple. Voici une liste des plus communes et pratiques:

Participe présent (invariable)	*Adjectif (variable)*
communiquant	communicant(e)
convainquant	convaincant(e)
convergeant	convergent(e)
extravaguant	extravagant(e)
fatiguant	fatigant(e)
fringuant	fringant(e)
intriguant	intrigant(e)
naviguant	navigant(e)
négligeant	négligent(e)
précédant	précédent(e)
résidant	résident(e)
suffoquant	suffocant(e)
vaquant	vacant(e).

Hier encore, je lisais: Cinq résidants du Maine. Il fallait: résidents. À remarquer qu'exigeant et obligeant sont homographes comme participes et comme adjectifs.

FAUTE

Dire: *C'est ma faute* est préférable à: C'est de ma faute, de sa faute.

FÉE

On écrit: *fée*, un conte de *fées*. Quant au mot *féerie* et l'adjectif *féerique* il n'y a qu'un seul accent aigu; alors il ne faut pas prononcer ces mots-là comme s'il y avait deux accents et ne pas dire: féérique et féérie.

FIER (SE) À

On dit tout aussi bien: se fier à quelqu'un ou se fier sur quelqu'un. Je me suis fié à lui ou sur lui.

FIGURER

Ne pas dire: J'ai figuré une dépense de 300 $, mais j'ai *calculé*, j'ai *prévu* une dépense de 300 $. Ne pas dire: j'ai figuré que c'était une simple farce, mais j'ai *pensé*, j'ai *cru*, j'ai *imaginé*...

FILIÈRE

Ne pas dire: Mets tout cela dans la filière, mais: dans le *classeur*, le *fichier*, le *dossier*.

FIN

Cet adjectif est parfois employé comme adverbe et alors il est invariable. On doit donc écrire: Elle est fin prête. Ils sont fin seuls (tout seuls).

FIXTURES

Un anglicisme qu'on entend trop souvent, hélas! Pourquoi ne pas dire: l'*équipement*, les *accessoires*, les *appliques*.

FLAMBANT NEUF

Dans flambant neuf et flambant nu, le mot flambant est invariable. On doit écrire: Cette maison est flambant neuve; cette fille était flambant nue.

FORCE (+ un nom)

Quand on écrit: Il s'est défendu avec force arguments, *force* reste invariable, étant adverbe. *Force* signifie ici *beaucoup*. Il nous a offert force compliments.

FOIS

Lorsqu'on doit dire: chaque fois, chaque jour de la semaine, il faut éviter l'emploi de la préposition *à* et ne pas dire: à chaque fois que je le voyais, à toutes les fois.

FOR

Quand on écrit: en son for intérieur, il faut éviter d'écrire: en son fors ou en son fort. *For* signifie alors: conscience, au fond de soi-même.

FORME PASSIVE

En anglais, on a recours à la forme passive beaucoup plus fréquemment qu'en français, d'où de nombreuses structures tout à fait condamnables, comme vous allez voir par la liste qui suit:
La question n'a pas été répondue.
Un produit qui est souvent abusé.
Elle a été demandée de rester.
Les étudiants ont été assignés plus de devoirs.
Elle a été enquêtée sur sa conduite.
Ils ont été enjoints de partir.
Elle ne sera pas permise d'y renoncer.
Elle avait été défendue de parler.

Comme on peut le voir d'après ces exemples, les verbes qui n'ont pas de complément d'objet direct ne peuvent avoir de forme passive comme en anglais. Alors pourquoi ne pas recourir à la forme active ou bien changer le verbe?

Correction des phrases susmentionnées:
On a répondu à la question.
Un produit dont on a souvent abusé.
On lui a demandé de rester.
On a assigné des devoirs aux étudiants.
On a mené une enquête sur elle; on a enquêté sur sa conduite.
On leur a enjoint (commandé, ordonné) de partir.
On ne lui permettra pas d'y renoncer; on ne l'autorisera pas...
On lui avait défendu (interdit) de parler.

En français, il y a toujours des exceptions. C'est le cas des verbes *pardonne à* et *obéir à* qui ont la forme passive. L'on peut donc écrire: Elle a été pardonnée cette fois-là et elle n'a pas été obéie sur-le-champ.

Attention donc à cette influence anglaise. D'ailleurs, ne trouvez-vous pas que la forme active est moins lourde?

FORTUNÉ

Fortuné signifie qui a une grosse fortune, qui est riche; alors on a recours à un autre anglicisme quand on l'emploie dans le sens d'heureux, privilégié, comme dans la phrase suivante entendue hier à TVOntario: Je suis fortuné ce soir de pouvoir vous adresser la parole. Il aurait dû dire: Je suis *heureux, privilégié, honoré* de...

FRAIS PEINT

Éviter de traduire directement de l'anglais: Wet Paint par: Frais peint. Il serait si facile de dire tout simplement: *Peinture fraîche* ou *Attention à la peinture.*

FRÉNER ou FREINER

On doit écrire freiner et non fréner. On n'a quà penser au nom correspondant: les freins. Il faut donc écrire: freiner, mais d'autre part on a aussi le verbe *refréner* avec un *é*.

FURIEUX

On doit dire: Il est *furieux de* cette décision à son endroit. Pour les personnes, on emploie la préposition *contre*: Elle est *furieuse contre* sa voisine. On ne doit jamais dire: Elle était furieuse après moi.

FUT ou FÛT

Le verbe être au passé défini fait: je fus, tu fus, il fut. Il n'y a pas d'accent circonflexe au passé défini. À l'imparfait du subjonctif, on a: que je fusse, que tu fusses, qu'il fût, car à la 3e personne du singulier de l'imparfait du subjonctif il y a toujours un accent circonflexe: qu'il fût, qu'il fît, qu'il eût. Puis il y a aussi le nom *fût*, comme dans la bière en fût. Tout cela semble clair et facile, mais voyez dans les exemples suivants toutes les erreurs possibles:
Mais ce fût alors le contraire (pour dire: ce fut).
À moins qu'il ne fusse au courant (pour dire: qu'il ne fût).
Lorsqu'il fût surpris par l'orage (pour dire: lorsqu'il fut surpris).
Ne fusse que pour lui (pour dire: ne fût-ce que pour lui ou encore: ne serait-ce que...).

Des usineurs de camelote, fusse-t-elle de béton (pour: fût-elle).

Ne fusse que par un oui ou un non (pour: ne fût-ce, ne serait-ce que).

Je voudrais la voir, ne fusse que pour un instant (pour: ne fût-ce).
Dans ce dernier cas, on pourrait aussi dire: Je voudrais la voir, ne serait-ce que pour un instant ou encore mieux: Je voudrais la voir, même si c'était seulement pour un instant . On peut donc aisément éviter ce subjonctif plutôt détestable.

FUTUR ou AVENIR

On devrait cesser de dire *dans le futur* pour traduire l'anglais *in the future* et dire plutôt en bon français: *à l'avenir*. *À l'avenir*, je serai un peu plus prudent. *À l'avenir* signifie ici désormais.

GARDER

On donne trop souvent à ce verbe un sens anglais comme lorsqu'on dit: Gardez la ligne, au lieu de dire en bon français: *Restez à l'écoute* ou *Ne quittez pas.* Quand on dit aussi: Gardez la droite, au lieu de dire: *Tenez* la droite ou *restez* à droite.

GÉSIR

Verbe qu'on conjugue sans trop y penser et sans le savoir lorsqu'on dit: Ci-gît un tel, nous gisons, ils gisaient dans leur sang. Il s'agit alors du verbe gésir qui signifie reposer, être étendu, se trouver.

GRÂCE À

Grâce à ne doit être employé que pour désigner l'effet heureux d'une cause, comme lorsqu'on dit: Grâce à Dieu, je suis encore en vie! On ne dira donc pas (à moins d'ironiser) : C'est grâce au maire si la ville a perdu 5 000 $ ou encore: C'est grâce au gérant si j'ai perdu mon emploi. Dans ces deux cas il faudrait remplacer grâce à par: *à cause de, par la faute de, par suite de.*

GRADUATION

Au lieu de dire: J'ai assisté à la graduation, il serait mieux de dire: J'ai assisté à la *collation des grades*, à la *remise des diplômes.*

GRAND (+ un nom)

Dans le cas de grand suivi d'un nom, on a souvent relié les deux mots par une apostrophe comme lorsqu'on écrivait: ma grand'mère, pas grand'chose. L'apostrophe a été remplacée par un trait d'union: ma grand-mère, pas grand-chose, la grand-messe, la grand-rue. Au pluriel, les masculins prennent une double marque: les grands-livres, mes deux grands-pères, etc. Mais, pour ce qui est du féminin, on ne s'entend pas: des *grand-mères* ou des *grands-mères*? des *grand-rues* ou des *grands-rues*?... Toutefois, les grammairiens, les dictionnaires et les écrivains sont en faveur de l'une ou l'autre forme.

Se rappeler aussi ce qui suit: avoir les yeux tout grands ouverts; la porte était toute grande ouverte.

GRIMPER

Voici un verbe un peu capricieux qui entraîne plusieurs constructions:
grimper l'escalier;
grimper à l'arbre, aux arbres;
grimper sur le toit;
grimper dans une auto, une voiture;
grimper sur les genoux de papa;
grimper le long du mur;
grimper au long d'une colline, d'un sentier;
grimper à une corde, à un mât.

GRINCHER ou GRINCER

Est-ce qu'on peut dire: grincher des dents? Non, il faut dire: grincer des dents. Grincher existe, mais il signifie grogner, rouspéter, d'où le nom grincheux. Les dents ne grinchent pas, elles grincent.

H

LA LETTRE -H-

Pas de problème avec le *h* muet, mais beaucoup avec le *h* aspiré. En effet, avec le *h* aspiré il n'y a ni élision, ni liaison. Alors on ne peut pas dire: pour le prélèvement d'hausses plus élevées, mais de hausses. Ne pas dire: les *z* haut-parleurs, mais les haut-parleurs; quelque chose d'honteux, mais *de* honteux. On ne dira pas: l'hangar, mais *le* hangar. On ne dira pas: l'handicapé, mais le handicapé et au pluriel: les handicapés et jamais les *z* handicapés. Veuillez noter que *handicapé* s'écrit avec un seul *p* et non pas avec deux comme en anglais (handicapped). On écrira: un *beau* hangar et non un bel hangar.

HAÏR

Quant à ce verbe haïssable souvent malmené, au présent de l'indicatif on écrit: je hais, tu hais, il hait, nous haïssons. Au singulier il n'y a pas de tréma et alors on ne peut pas prononcer: je haïs et je l'haïs, car, ici, le *h* est aspiré. Je le hais. On ne peut pas prononcer: Je sais qu'elle me haït, mais: qu'elle me *hait*.

HASARD

Un autre anglicisme des plus détestables. Pourquoi dire: les hasards de la route? alors qu'on a tant de beaux mots plus clairs en français, comme les *risques*, les *dangers*, les *périls*.

HAUT

On écrit: en haut et au haut sans trait d'union, mais on écrit là-haut avec un trait d'union.

Le pluriel de haut-fonctionnaire (avec trait-d'union) est les hauts-fonctionnaires, mais le pluriel de haut-parleur est *haut-parleurs*.

HÉRITER

S'il n'y a qu'un complément de *personne*, on dira: Il a hérité de son oncle. S'il n'y a qu'un complément de *chose*, on dira: Il a hérité 2000 $, ou de 2 000 $. Toutefois, s'il y a deux compléments (de personne et de chose), on dira plutôt: Il a hérité 2 000 $ de son oncle (ceci, afin d'éviter la répétition du *de*). Enfin, si l'un des compléments est *dont* ou *en*, rien n'empêche d'utiliser le *de*: Les 2 000 $ dont il a hérité de son oncle. Il en a hérité de son oncle.

HÉSITER

Un peu étrange, mais le verbe hésiter a toute une série de constructions:
Elle hésita à me répondre.
Il hésitait souvent dans ses réponses.
Elle a longtemps hésité sur le choix d'une carrière.
Il hésita entre les deux décisions à prendre.
Il hésitait souvent en lisant son texte.

HEUR

Ça n'a pas eu l'heur de leur plaire. Remarquez la graphie du mot *heur* dans cette phrase. C'est une abréviation de bonheur, et heur signifie chance, bonne fortune, bonheur.

HIVER

Ne pas dire: une longue hiver, une hiver très froide, car toutes les saisons sont du genre masculin sans la moindre discrimination!

HEURE

Avec le mot *heure* attention aux expressions suivantes: de bonne heure ou tôt; de meilleure heure ou plus tôt (et non: de plus bonne heure ou plus de bonne heure); de si bonne heure (si tôt) (et non si de bonne heure); de trop bonne heure (trop tôt) (et non trop de bonne heure) comme on entend très souvent dans le parler populaire.

HÔPITAL

On doit dire: *un* hôpital tout *neuf*, un *grand* hôpital et non une belle hôpital toute neuve, une grande hôpital, car le mot *hôpital* est masculin.

HORMIS

Ce mot qui signifie *excepté, sauf*, s'écrit avec un *s* tandis que *parmi* s'écrit sans *s*.

HORS

J'ai lu l'autre jour: un numéro hors-de-pair; il fallait écrire *hors de pair* (sans trait d'union) ou *hors pair*. *Hors* est pafois suivi de *de*: hors d'atteinte, hors de danger, hors d'ici, hors de prix et parfois sans *de*: hors-ligne, hors-texte, hors-d'oeuvre, hors-bord, hors-concours. Dans ces derniers exemples, il s'agit de noms composés (invariables) qui demandent le trait d'union.

HUIS

Vieux mot qui signifie *porte*. On dit: *un huis clos, à huis clos*, avec s et sans trait d'union. De ce mot on a gardé *huissier*. Il faut dire *l'huissier* et non le huissier. On dit: une réunion à huis clos et non: une réunion derrière les portes closes. On dit: *le* huis clos (bien que l'on prononce *l'*huis clos).

HYMNE

On dit: *un* hymne (masculin) au sens profane: un hymne national;
hymne (féminin) au sens sacré: les hymnes interprétées à la grand-
messe.

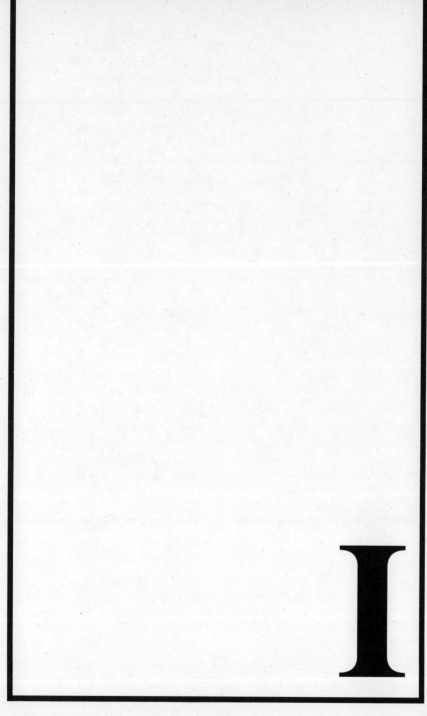

I

IGNORER

Une faute assez fréquente. On entend souvent dire: Vous n'êtes pas sans ignorer que... Vous n'êtes pas sans ignorer que vous me devez tant. Il est tout à fait illogique de s'exprimer ainsi. Il faut dire: Vous n'êtes pas *sans savoir* que vous me devez tant. C'est là une tournure assez grossière et cependant plutôt fréquente.

II et YI

Attention aux verbes en *ier, rire* et *yer*. Attention aux temps suivants:

prier	*Présent indicatif*	*Imparfait*
rire	nous prions	nous priions
payer	nous rions	nous riions
	nous payons	nous payions

Présent du subjonctif
que nous priions
que nous riions
que nous payions

IL EST (+ adjectif + subjonctif)

Il est important qu'il y aille.
Il est urgent que tu en sois informé.
Il est possible qu'il en ait pris connaissance.
  (Attention de ne pas écrire: qu'il en est pris connaissance.)
Il est normal qu'il y ait du changement.

IL SEMBLE QUE

Il y a de fréquentes erreurs avec *il semble que* qui veut surtout le subjonctif: Il semble que ce soit vrai; il semble qu'elle ne soit pas revenue. Mais si l'on y ajoute un pronom (me, te, lui, nous) alors l'indicatif l'emporte le plus souvent: Il me semble que c'est vrai; il lui semble qu'elle n'est pas encore revenue.

ILS SONT ou CE SONT

Ils sont avocats; ce sont des avocats; ce sont ses avocats.
Ils sont médecins; ce sont des médecins; ce sont leurs médecins.
Même chose au singulier: il est avocat; c'est un avocat; c'est mon avo-
cat.

IMPÉRATIF

Attention à la deuxième personne du singulier. Pour les verbes de la
1re conjugaison il n'y a pas de *s*. On n'écrit pas: arrêtes, mais arrête.
On écrit: *va* et non *vas*, excepté dans *vas-y*. On écrit: *aie* (avoir) et
non aies; *parle* et non parles; *arrange-toi* et non arranges-toi; *parle-
m'en* et *ne m'en parle pas*; *va-t-en* et *ne t'en va pas*; *parle-lui-en* et *ne
lui en parle pas*; *penses-y* bien et *n'y pense pas*; *dis-le-mo*i et *ne me
le dis pas* (jamais: dis-moé-lé pas!).

Surveillons de très près l'emploi de l'impératif affirmatif et négatif avec les deux pronoms neutres *en* et *y:* garde-t'en bien; gardez-vous-en bien; souviens-t'en; donne-m'en; ne m'en donne pas, donne-lui-en; parles-en, parle-lui, parle-m'en, ne m'en parle plus; va, vas-y, n'y va plus, va-t'en, allez-vous-en; aies-en davantage, aies-en soin, n'en aie pas peur; sers-t'en, servez-vous-en, ne t'en sers pas; mets-en encore, mets-t'y tout de suite, mettez-vous-y; mange-le, manges-en, n'en mange pas; prive-le, prive-l'en, ne l'en prive pas; trouvez-vous-y, trouves-en d'autres, n'en trouve plus; pense à lui, penses-y bien, n'y pense plus; fie-toi à lui, ne t'y fie pas, fiez-vous-y.

IMAGINER (S')

On ne dit pas: Il s'imagine d'être malade, mais *il s'imagine être* malade. Pas de préposition *de*. Attention au participe passé: Elles se sont imaginé que vous aviez tort. Voici la situation qu'elles se sont imaginée, mais elles avaient tort.

IMPORTER

C'est un verbe assez difficile à employer. *N'importe* est invariable comme dans la phrase suivante: N'importe quelles décisions le laissent indifférent. *Peu importe* (et *qu'importe*) peuvent s'accorder, comme dans: *Peu importent* les décisions qu'il aura à prendre. Puis le problème de: *ce qui importe* et *ce qu'il importe*. Après *ce que*, devant *que*, devant *de* et un infinitif, il faut recourir à: *ce qu'il importe*. Exemples: Voilà ce qu'il importe de bien savoir. Voilà ce qu'il importe que vous compreniez. Autrement il faut: *ce qui importe*. Exemple: Bien se nourrir, voilà ce qui importe au maximum. Ce qui importe le plus c'est que vous vous portiez bien.

IMPRESSION

Évitez l'anglicisme: je suis sous l'impression. Il faut dire tout simplement: *J'ai l'impression* qu'il va le regretter. Ne pas traduire: I am under the impression that...

INCLURE

Le participe passé fait: *inclus, incluse.* Attention à ci-inclus, qui d'ailleurs suit les mêmes normes que ci-joint, ci-annexé. Examinez bien les exemples qui suivent:
Vous trouverez ci-inclus copie de votre lettre.
Ci-inclus une autre copie du document..
Veuillez conserver la copie ci-incluse.

INFILTRER

Le verbe *filtrer* est facile. On peut filtrer bien des produits liquides. Quant au verbe pronominal *s'infiltrer*, il y a de nombreuses erreurs: On ne peut pas dire, par exemple: Cette théorie a infiltré leur parti. Ils ont infiltré la secte adverse. Ces espions avaient infiltré toute la région. *Infiltrer*, verbe transitif, est rare et didactique. Il faut donc dire: Cette théorie s'est infiltrée dans leur parti. Ils se sont infiltrés dans cette secte adverse. Ces espions s'étaient infiltrés dans toute la région.

INFLIGER

On peut *infliger* une peine, une amende, des affronts, une défaite, des dommages. L'erreur est qu'on en fait souvent un verbe pronominal ou réfléchi et que l'on dit ou écrit: Il s'est infligé une blessure à la cheville. C'est là un néologisme inutile. Qu'on écrive simplement: Il s'est blessé à la cheville. Il a reçu une blessure à la cheville... Il est affligeant de s'infliger du mal!

INIQUITABLE

Un mot tout à fait nouveau qu'on retrouve dans les journaux. Il suffit de dire: *inique.* C'est peut être à cause de l'influence de l'adjectif: équitable? En tout cas, ce n'est pas un anglicisme puisque *iniquitable* n'existe pas en anglais!

INSISTER QUE

Un autre anglicisme: to insist that. En français correct, il faut dire: insister pour que. Il a insisté *pour que* je le lui dise et *pour que* j'aille avec lui.

INTERDIRE

Contrairement au verbe dire, il faut écrire: vous *interdisez* et non vous interdites. Puis comme on dit *interdire à*, il est donc erroné d'écrire: Ils ont été interdits de parler. Il faut dire: on leur a interdit de parler ou encore: il leur a été interdit de parler.

INTÉRESSER (S')

On ne dit pas: Il s'en intéresse depuis longtemps, mais il *s'y* intéresse depuis longtemps. Évitez aussi l'anglicisme: Il est très intéressé dans tous mes projets, et dites: Il est intéressé *à* tous mes projets.

INTERMISSION

Pourquoi cet autre anglicisme, alors qu'on a des mots bien français pour le dire: entracte, interlude, intermède.

INTERPELLER

Comme le verbe appeler n'a qu'un seul *l* on est porté à écrire *interpeller* avec un seul *l* aussi. Il en a toujours deux: il interpelle, il interpella.

INTERPRÉTER

Même si l'on voit assez souvent le verbe interpréter avec un accent grave, il a toujours son accent aigu: interpréter. Tout bon *interprète* sait cela! Au futur, il faut écrire: interpréterai...

INVESTIGUER

Encore un autre verbe inventé. Encore de la paresse intellectuelle. Il est plus facile d'inventer que de chercher! Pourquoi écrire: On a investigué sur ces deux meurtres? Il a été investigué pendant deux mois? C'est lui qui investiguera dans ce cas-là? Qu'on se serve donc du verbe *enquêter* ou *faire enquête* sur. Investigation existe, mais pas encore investiguer.

INTERVENIR

Ce verbe se conjugue toujours avec le verbe *être*: Il n'*est* pas intervenu dans ce débat. Nous *sommes* intervenus pour le défendre. Ne
pas dire: Il a alors intervenu pour y mettre son grain de sel.

ITEM

Un autre anglicisme qu'on entend beaucoup trop souvent. Ne pas
dire: J'ai trois autres items sur l'agenda, mais: J'ai trois autres *sujets
(points, questions)* à l'ordre du jour. Ne pas dire: Ce sont des items
dispendieux, mais: Ce sont des *articles* dispendieux.

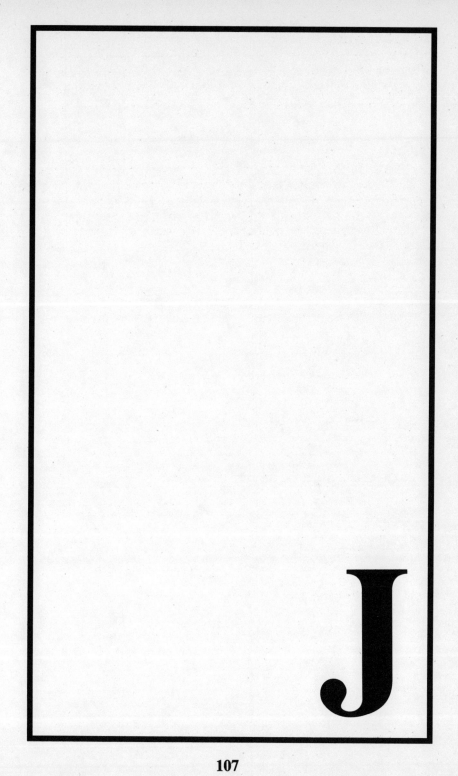

J

J'AI PEUR QUE

Il faut surveiller la construction des verbes de peur et de crainte. Avec *avoir peur que* il faut le subjonctif et le *ne* explétif est facultatif: J'ai bien peur qu'il (ne) lui soit arrivé un malheur. Répétez lentement de peur qu'il (n')ait pas bien compris. Même chose avec *de peur que* et *dans la crainte que*: Couvrez-la bien de peur qu'elle (n')ait froid.

JAMAIS

L'usage de *jamais* semble des plus faciles, mais il y a au moins un cas où l'usage de *jamais* avec un *ne* est complètement illogique: C'est le plus grand chanteur qui n'ait jamais existé. A-t-il existé ou non? S'il n'a jamais existé comment a-t-il pu être le plus grand? Une autre construction encore erronée: Voilà l'idée la plus étrange que je n'ai jamais entendue. Il faudrait dire: Voilà l'idée la plus étrange que j'aie jamais entendue.

JOB

D'après tous les dictionnaires, on devrait dire: *un* job (masculin) mais on entend toujours: une job, une bonne job, une job payante... Alors ce n'est pas mon job de le rebaptiser mâle ou femelle!

JOINDRE

Joindre quelqu'un veut dire l'atteindre par téléphone ou autrement. Alors le verbe joindre tel qu'il est employé ci-après constitue un anglicisme: Je vais joindre les signataires de cette pétition. Il faut alors dire: Je vais *me joindre, m'associer* aux signataires de cette pétition. Quand on entend: je vais joindre le groupe plus tard, il serait mieux de dire: Je vais *rejoindre* le groupe ou je *me joindrai* au groupe.

JOURNAL

On ne dit pas: Je l'ai lu sur le journal, mais *dans* le journal. On ne dit pas: Une copie du journal, mais un *exemplaire* ou un *numéro*. On ne dit pas: la circulation de ce journal, mais le *tirage* d'un journal (qui peut circuler partout après son tirage à l'imprimerie).

JOUIR

Comme *jouir* signifie se réjouir, on l'emploie pour des choses agréables. C'est donc un barbarisme que d'écrire: Elle jouit d'une mauvaise santé, d'une mauvaise réputation. Tout simplement: elle a une mauvaise santé. On peut dire: J'ai bien joui de votre agréable compagnie.

JUSQUE

Jusque-là s'écrit avec un trait d'union. Jusqu'à date est un anglicisme (up to date). Il faut dire: *jusqu'à maintenant, jusqu'ici, jusqu'à ce jour, jusqu'à présent*.

JUVÉNILE

Ce mot est un adjectif, comme dans: la Cour juvénile. Malheureusement on l'emploie très souvent comme un nom et ça devient un anglicisme. Il est erroné de dire: Ils ont arrêté deux juvéniles. Un autre juvénile a été inculpé. Il y a tant de beaux mots en français pour dire la même chose: des *jeunes*, des *adolescents*, des *garçons*, des *jeunes gens*, de *jeunes garçons*..

L' (inutile)

On entend souvent des phrases comme celles-ci: ça l'a pas donné de résultats bien positifs; ça l'a un impact très important; ça l'a pas la même valeur. On voit très bien que ce *l'* n'a pas sa place dans ces phrases-là et qu'il n'a aucun sens. Il suffirait de dire ou d'écrire: *ça* (ou *cela*) n'a pas donné de résultats bien positifs; *cela* a (ou *ç'a*) un impact très important; *cela* (ou *ça*) n'a pas la même valeur.

LAÏC ou LAÏQUE

En général on écrit: laïque pour les deux genres: une école laïque, un instituteur laïque. Au masculin, on peut aussi employer laïc: l'enseignement laïc, on y admet les laïcs.
Il y a aussi lai, laie qui est très archaïque. On pourrait dire: un Frère lai au lieu de laïc, mais ça pourrait prêter à confusion avec un Frère laid!

LAISSÉ (suivi d'un infinitif)

La tendance est pour laisser ce participe passé invariable: Ils se sont laissé battre; je les ai laissé faire; elle s'est laissé séduire. (Voir aussi à la lettre *P*: participe passé.)

LAISSER ASSAVOIR

Assavoir est un mot vieilli remplacé par savoir. On ne doit donc pas dire: je vous le laisserai assavoir bientôt, mais je vous le ferai (ou laisserai) savoir bientôt.

LAISSEZ-PASSER

Les deux termes *laissez-passer* et *laisser-aller* sont invariables et tous les deux ont un trait d'union: Il m'a donné deux laissez-passer; je n'aime pas son laisser-aller.

LANCER ou ÉLANCER

Il n'est pas correct de dire: ce doigt me lance beaucoup. Il faut dire: ce doigt *m'élance*. Pour les douleurs il faut employer le verbe *élancer* et le nom *élancement*. Les mots *lancer* et *lancement* sont réservés aux lancements de bateaux, de livres, de disques.

LA PLUPART

Pris au sens du *plus grand nombre*, appelle le pluriel: La plupart des étudiants réussissent bien. On ne dira pas: la plupart de mon travail, mais la plus grande partie de mon travail. On ne dira pas: la plupart de mes journées, mais la plus grande partie... On peut aussi rencontrer ce terme au singulier: La plupart du temps se passait à lire. La plupart du monde prétend le contraire. On ne pourra donc pas écrire: la plupart des étudiants le sait.

LAPS ou LAPSUS

Je lisais l'autre jour dans un journal: Pendant un lapsus de deux jours. Un lapsus est l'emploi d'un mot pour un autre. Deux jours, c'est un peu long pour une telle erreur! Il fallait dire: pendant ce *laps de temps* ou *pendant ce temps-là*.

LA RAISON POURQUOI

On entend beaucoup trop souvent: voilà la raison pourquoi. Il faut dire: la raison *pour laquelle*, les raisons *pour lesquelles*. Il est donc incorrect de dire: la raison pourquoi je ne suis pas venu à la réunion. C'est la raison *pour laquelle* je ne suis pas venu. Erreur beaucoup trop fréquente. Il faut dire: Voilà une des raisons *pour lesquelles* (et non une des raisons pourquoi...).

LEITMOTIV

C'est un mot allemand employé en musique pour indiquer un thème qui revient assez souvent. Pour ceux qui aiment employer ce mot étranger, qui est devenu international, il faut se rappeler qu'il s'écrit: *leitmotiv* au singulier et *leitmotive* au pluriel. Par contre, certains suggèrent d'écrire leitmotifs quand le mot est employé au sens figuré.

LE FAIT QUE

Généralement il est suivi du subjonctif: Je déplore le fait qu'il ne soit pas venu. Le fait qu'il n'ait pas accepté m'afflige beaucoup.
Parfois avec l'indicatif quand la phrase indique un fait bien réel du passé: Le fait que Napoléon est mort depuis longtemps ne les intéresse plus.

LEQUEL ou QUEL

Avant tout, *quel* est un adjectif qui va avec le nom et *lequel* est un pronom qui remplace le nom. Ne pas écrire: Miser sur n'importe lequel coureur, mais: sur *n'importe quel* coureur. Ne pas dire: n'importe quel me contentera, mais: *n'importe lequel*.

LES ou LEUR

Comme on n'enseigne plus l'analyse logique, on ne distingue plus les verbes transitifs directs des verbes transitifs indirects et l'on écrit, sans trop y penser, des phrases comme celles-ci: En le faisant payer un gros tarif. On les a enjoints de rester là. Comme on fait payer un tarif à quelqu'un et qu'on enjoint quelque chose à quelqu'un, logiquement et grammaticalement il faudrait écrire: En *leur* (indirect) faisant payer un gros tarif ou un tarif élevé. On *leur* (indirect) a enjoint de rester là.
Ce genre d'erreur repose donc sur un manque d'analyse.
Observez les exemples qui suivent:
On *les* (direct) a fait chanter. On *leur* (indirect) a fait chanter une belle chanson.
On *les* (direct) a recommandés. On *leur* (indirect) a recommandé de rester tranquilles.
Je *les* (direct) ai fait boire. Je *leur* (indirect) ai fait boire du lait.

LEUR et LEURS

Avant tout bien distinguer: *leur* adjectif possessif: leur femme, leurs enfants et le pronom personnel pluriel: Je *leur* ai dit. Dans ce cas leur n'a pas de *s*, parce qu'il est déjà au pluriel (le pluriel de lui).

Puis attention à l'usage de l'adjectif possessif au singulier et au pluriel. On n'écrira pas: mes deux voisins sont allés au concert avec leurs femmes, mais avec leur femme (on suppose que chaque voisin a une seule femme). Mais on pourra écrire: avec leur enfant (un seul) ou leurs enfants (plus d'un). Il faut donc écrire: ces boxeurs protègent leur tête (une seule). Ces malades soignent leur gorge (une seule).

L'usage est plus flottant quand il s'agit de mots concrets. Certains écriront, par exemple: Ils ont ouvert leurs parapluies. La question ne se pose pas quand il y a un mot abstrait. On écrira nécessairement: Ils crièrent leur haine.
Quoi qu'il en soit, en suivant la consigne (*leur* pour un seul; *leurs* pour plusieurs), on évite ainsi toutes les équivoques.
À noter également: il ne faut pas dire: pour leur deux, mais pour eux deux. Le pluriel de l'expression y *mettre du sien* est y *mettre du leur*.

LIAISON

On fait trop souvent fi des liaisons et l'on écorche ainsi beaucoup d'oreilles. Pourquoi dire: huit-z-enfants; cinq-z-hommes; sur les-z-hauteurs; deux mille-z-autos? Il n'y a pas de liaison s'il n'y a pas de *s* et surtout si le mot commence par un *h* aspiré. Pourquoi dire: nous-z-haïssons? (Voir à la lettre H.)

LIBELLE

Un anglicisme. Pourquoi dire: il a été poursuivi pour libelle (libel)? Un libelle en français est un écrit diffamatoire. Il faut donc dire: Il a été poursuivi pour *diffamation*. L'adjectif libelleux qu'on entend très souvent n'existe même pas dans les dictionnaires.

LIGNE

C'est un petit mot qui est très employé et qui a beaucoup de significations. Mais, en plus, on lui donne au Canada beaucoup d'autres usages qui sentent l'anglais:

116

anglicisme	bon français
ce n'est pas ma ligne	ce n'est pas ma branche, ma compétence
on ne tient pas cette ligne-là	on ne vend pas cet article, ce produit
une nouvelle ligne de jouets	un nouveau genre, type de jouets
traverser les lignes	la frontière, les limites
les autos avançaient en ligne	à la file, à la queue-leu-leu
ouvrez donc la ligne	décrocher l'appareil
fermer la ligne	raccrocher
être sur la ligne	être à l'écoute, être à l'appareil
une ligne d'assemblage	une chaîne de montage (les autos)
gardez la ligne	restez à l'écoute, restez à l'appareil ne raccrochez pas
3 ou 4 jours en ligne	3 ou 4 jours successifs, de suite,

LITTÉRATURE

Même les illettrés mettent de la littérature partout!
On met le mot anglais *literature* (un seul *t*) dans toutes les sauces.
C'est ainsi qu'on entend et écrit: Actuellement on a beaucoup de littérature sur la fluoration de l'eau. On devrait dire tout simplement beaucoup de *documentation*, beaucoup de *publications*, beaucoup d'*articles*. Pourquoi dire: On distribue beaucoup de littérature avant les élections? C'est loin d'être de la littérature canadienne ou française, car c'est souvent très mal écrit! Il s'agit tout simplement d'*écrits*, de *publications*, de *documentation*, de *feuillets* et de *brochures* qu'on met au panier en les recevant!

LIVRE DES MINUTES

Pourquoi traduire de l'anglais et dire: le livre des minutes, quand on a un terme bien français qu'on met de côté? Il faut dire: Le registre des procès-verbaux (avec un trait d'union). En parlant de livre, on ne dit pas: J'ai acheté deux copies de votre nouveau livre, mais deux *exemplaires*.

LOGER

Loger signifie habiter, demeurer, donner un logement.
Malheureusement on en fait des anglicismes lorsqu'on dit: loger une
plainte. Il faut dire: *déposer, formuler, présenter* une plainte (ou un
grief). On ne dit pas non plus: loger un appel téléphonique, mais simplement *faire* un appel, *inscrire* un appel. Dans ces cas on peut dire
en anglais: to lodge, mais jamais en bon français.

LONG, LONGUE

Il faut éviter deux autres anglicismes inutiles, puisque nous avons les
mots pour le dire. Ne pas dire: un long-jeu, mais un *microsillon* ou un
enregistrement de longue durée. Évitez de faire un long-distance au
lieu de dire: faire un *interurbain*.

LORSQUE

Cette conjonction s'élide toujours devant: il, elle, en, on, un, une. Il
faut aussi éviter le barbarisme: lorsque nécessaire, lorsque requis et
dire: lorsque c'est nécessaire, lorsque c'est requis, si besoin est, en cas
de nécessité.

LUI ou SOI

Lui se rapporte à une personne bien déterminée, tandis que *soi* se rapporte généralement à un sujet indéterminé, vague: Il travaille pour *lui*
ou *lui-même*, mais chacun travaille pour *soi*.

M

M. ou MR.

Il faut écrire M. Enée Villeneuve et jamais Mr. On écrit Mr. en anglais.

MAIN

Dans *prendre en main(s), avoir la situation en main(s)*, on peut mettre *main* au singulier ou au pluriel. Dans *une poignée de main*, il faut le singulier, car, en général, on ne présente qu'une seule main à l'autre. Au lieu de dire: donner la main (ce qui est un peu trop généreux), il vaut mieux dire: tendre la main ou se serrer la main.

MADAME

Si l'on veut abréger le mot madame, il faut écrire Mme et non plus Mde, comme il y a 50 ans.

MAJUSCULE

Pour l'usage de la majuscule, il y a une infinité de normes. Qu'il me suffise de souligner l'erreur la plus fréquente: mettre une lettre minuscule pour indiquer la nationalité. Ne pas écrire: un canadien, mais un Canadien, un Français, mais un citoyen canadien et un projet français. Une majuscule pour le nom et une minuscule pour l'adjectif. C'est un bon Québécois, mais la région québécoise.

MALGRÉ QUE

On rencontre assez souvent la conjonction *malgré que* avec le sub-jonctif pour remplacer *bien que, quoique, encore que*. Les avis sont partagés à ce sujet. Au lieu de dire: malgré qu'il n'ait pas compris, il vaudrait mieux écrire: bien qu'il, quoiqu'il n'ait pas compris. Et puis si l'on veut en faire usage, il faudrait à tout le moins le faire suivre du subjonctif et ne pas écrire: malgré qu'il est venu en retard, on l'a fait entrer, mais: malgré qu'il soit venu...

MALNUTRITION

Voilà un mot tout à fait nouveau, un vrai néologisme qui tend à rem-placer les mots déjà existants: mauvaise nutrition ou sous-alimentation.

MANQUER

Est-ce qu'il faut dire: J'ai *manqué tomber* ou j'ai *manqué de* tomber? Tous les deux sont admis de nos jours: Elle a manqué mourir ou elle a manqué de mourir. Se rappeler aussi l'usage de *manquer* signifiant *ne pas oublier*: Je ne manquerai pas de l'en avertir à temps. Attention cependant à un anglicisme assez déguisé. Quand une personne nous quitte, ne pas lui dire: Je vais vous manquer (I'll miss you) mais: Vous allez me manquer beaucoup (car c'est elle qui sera éloignée et c'est elle qui va manquer à l'autre qui reste là). Ne pas dire: Je vous ai bien manqué pendant votre absence, mais: *Vous m'avez manqué, j'ai senti votre absence, j'ai regretté votre absence.*

MARIER

Ne pas dire: Jean a marié la fille de son voisin, mais: Jean *s'est marié avec* la fille de son voisin. On peut dire aussi: Jean *a épousé* la fille de son voisin. Dans ce dernier cas, il s'agit d'une expression encore en usage dans certaines régions de la France, en Belgique, en Suisse et au Canada. Dans le sens courant de *unir par le mariage*, on peut dire sans hésiter: Le maire les a mariés; ce père a marié sa fille à (avec) un avocat.

Enfin, le mot *mariage* n'a qu'un seul *r* en français, tandis qu'en anglais il en a deux. Un seul *r* pour *mariage* comme pour *mari*.

MARKETING

En France on a banni cet anglicisme et on l'a remplacé par le mot *commercialisation*.

MATCH

Au pluriel on peut écrire soit des matchs ou des matches.

MATÉRIEL

Ne pas dire: Vous avez acheté un très bon matériel pour votre robe, mais un très bon *tissu*, une très bonne *étoffe*. Material est anglais. Ne pas dire aussi: Ils ont entendu un témoin matériel (a material witness), mais un témoin *oculaire*, un témoin *important*. Ne pas dire non plus: Je n'ai pas le temps matériel d'y aller. Tout simplement je n'ai pas le *temps,* ou je n'ai pas le *temps requis*, le *temps nécessaire*... car le temps n'a rien de bien matériel!

MATER ou MÂTER

Mater signifie dompter, dominer et *mâter* veut dire mettre des mâts à un navire. Alors ne pas écrire: ils ont bien mâté la rébellion, mais ils ont *maté* (sans accent circonflexe) la rébellion. Il a *maté* cet enfant rebelle, ils ont *maté* l'émeute.

MÉDIA

Une autre traduction de mass media qu'on peut traduire et qu'on peut écrire au pluriel comme suit: des media, des médias ou des medias? Ce mot indique tout simplement tous les moyens de communications, les organes de publicité.

MATURITÉ (À)

Ne pas dire: vos obligations d'épargne viennent à maturité en novembre, mais *viennent, arrivent à échéance* en novembre.

MÉCHANT

Ne pas dire: Vous avez signalé un méchant numéro, mais vous avez composé, formé un *mauvais* numéro ou *vous vous êtes trompé* de numéro. On peut dire: un enfant méchant, une méchante langue, mais on ne peut pas dire: un méchant numéro de téléphone ni la soupe est méchante.

MÉDICATION

Encore un anglicisme détestable. On ne dira pas: Il a dû changer de médication, mais il a dû changer mes pilules, mes *remèdes*. On ne dira pas: Elle est venue pour ma médication, mais pour mes *soins médicaux*, pour *me soigner*.

MEILLEUR

Tous savent qu'on ne dit pas: plus bon, mais *meilleur*. Cependant on ne peut pas dire: plus meilleur. Quand au mot *meilleur* il faudrait éviter de le mettre à toutes les sauces à saveur anglaise.

ne pas dire	*mais*
au meilleur de ses capacités	de son mieux, le mieux qu'il peut
au meilleur de mes connaissances	autant que je sache, du mieux que je peux
au meilleur de mon jugement	autant que je peux en juger

Après *meilleur, le meilleur* on emploie un *ne* explétif dans la proposition qui suit: Il est meilleur qu'il ne semble. Le temps est meilleur qu'il n'était la semaine passée.

MÊME

Un petit mot difficile à manier. Il peut être adjectif et adverbe. Adjectif, il est variable: les *mêmes* personnes, les *mêmes* gens. Mais quand on dit: *Même* ces personnes-là ne le savaient pas, il est invariable étant adverbe et signifiant *aussi*. Si l'on dit: ces personnes *même* étaient au courant de la chose, il est encore invariable, car il signifie: même ces personnes (si l'on écrivait ces personnes *mêmes*, cela voudrait dire: ces personnes elles-mêmes). On ne peut donc pas écrire: Mêmes ses meilleurs amis l'ont abandonné. Il faut écrire: Même ses meilleurs amis... Évitez aussi de dire: même à ça (populaire) qu'on doit remplacer par: *malgré cela, même alors.*

MÉRITER ou SE MÉRITER

Le verbe mériter n'a pas de forme pronominale; le verbe se mériter n'existe pas. On ne peut donc pas dire: Il s'est mérité une promotion, mais il *a mérité.* Non pas: Il a eu ce qu'il s'était mérité, mais il a eu ce qu'il *avait mérité.* Mériter n'a donc pas de forme pronominale: se mériter, pas plus que se fermer les yeux, pas plus que s'accaparer, se pratiquer et se divorcer. Ces verbes n'ont pas de forme pronominale et l'on emploie accaparer, divorcer, pratiquer, fermer et mériter. Se rappeler l'usage de *méritant* pour les personnes et *méritoire* pour les choses: un citoyen *méritant* et une action *méritoire.*

MICRO

Lorsqu'un mot commence par micro, il faut un trait d'union si ce mot commence par une voyelle. Ainsi on écrit: un *micro-ordinateur,* un *micro-onde,* un *micro-organisme,* mais on écrit: un *microscope,* un *microphone* sans trait d'union. Il y a tant de mots de nos jours commençant par micro qu'il semble bon de connaître cette norme.

MILLE

Quand on écrit: deux cents *milles* avec *s* il s'agit du nom: un mille. Mais quand on a affaire à mille comme adjectif numéral, il est toujours invariable. On ne peut donc pas écrire: trois milles autos et surtout on ne peut pas prononcer trois milles-z-autos, comme on entend trop souvent. On écrit: trois mille autos. Trois mille autos qui ont parcouru trois mille milles.

MINIMUM et MAXIMUM

Deux mots latins à demi francisés: un minimum, des minimums ou minima; un maximum, des maximums ou maxima.
Maximum étant déjà au superlatif, inutile de dire: un grand maximum de trois cents. Inutile aussi de dire: Ce chiffre constitue un maximum qui ne devra pas être dépassé (la proposition relative est à supprimer).

Il faut dire: les risques étaient réduits *au minimum* (et non: au maximum) comme on entend trop souvent.

MINUTES

Les fameuses minutes qui suivent tous les congrès et les réunions. Ne pas dire: On va lire les minutes de la dernière réunion, mais le *procès-verbal* ou les *procès-verbaux*. Les heures de discussion ne sont jamais suivies de minutes! Évitons cet anglicisme disgracieux!

MOELLE

On écrit ce mot sans accent et sans tréma et on le prononce: moil.

MOI POUR UN

Un autre anglicisme flagrant (I for one). On ne dit pas: Moi pour un, mais *quant à moi, pour ma part, de mon côté, à mon avis.*

MOI QUI

Comme le verbe s'accorde avec son sujet et que bien souvent le sujet de la proposition relative est le pronom *qui*, il faut bien examiner à quel antécédent se rapporte ce pronom. Il y a souvent erreur grave avec moi qui, toi qui: c'est moi qui va le lui remettre. Il faut écrire: c'est moi qui *vais* le lui remettre. Moi étant de la première personne, qui représente donc la première personne moi et le verbe doit être lui aussi à la première personne. Ne pas dire ou écrire: c'est moi qui s'en est aperçu le premier, mais c'est bien moi qui *m'en suis* aperçu le premier. Non pas: c'est moi qui en est la cause, mais c'est moi qui *en suis* la cause.

MOINS

Entendu l'autre jour: pour un montant moins de 500 $. Il faut dire: Pour un montant *inférieur à* 500 $, pour un montant *qui n'atteint pas* 500 $, pour un montant *de moins de* 500 $. Attention aussi à *moins que*. Comme avec *plus...que, moins que* veut traditionnellement un *ne* explétif avec le verbe qui suit: Il fait moins froid que je pensais, devrait se dire: il fait moins froid que je ne pensais. Il est moins fort qu'on ne le croyait. Mais on tend aujourd'hui à laisser tomber le *ne* sans changement de sens.

MOMENT

Éviter d'écrire: à ce moment, car on peut créer un peu de confusion. Ne pas dire: À ce moment, il s'est senti perdu, mais: À ce moment-là, il s'est senti perdu.

MONTER

Quelques usages incorrects du verbe monter. Ne pas dire: monter en haut, mais monter, car monter veut dire aller en haut. Ne pas dire: monter sur un arbre, dans un arbre, après un arbre, mais monter *à* l'arbre, monter *aux* arbres, *grimper aux* arbres. Ne pas dire: Monter sur le banc (en parlant d'un avocat) mais *entrer dans la magistrature*. En anglais: to get on the bench. Ne pas dire : j'ai monté le voir, mais: je *suis* monté le voir. On peut aussi conjuguer ce verbe avec l'auxiliaire avoir: J'*ai* monté l'escalier en courant; j'*ai* monté ses deux valises au troisième.

MINI

On trouve ce préfixe dans quelques mots comme des mini-projets, des mini-cassettes, des mini-jupes, des mini-robes. Tous ces mots s'écrivent avec ou sans trait d'union (des minijupes). Noter que *mini* peut être employé comme adjectif invariable: des robes *mini*.

MOULT

Mot très archaïque souvent employé pour dire: beaucoup, très. Après moult discussions, nous nous mîmes d'accord. *Moult* est un mot invariable. Parfois on lit: moults, moults, mult. Quiconque cherche un tant soit peu trouve que moult est toujours invariable.

Mû est le participe passé du verbe mouvoir. Il ne prend l'accent circonflexe qu'au masculin singulier: mû, mue, mus, mues. Comme le
verbe devoir: dû, due, dus, dues.

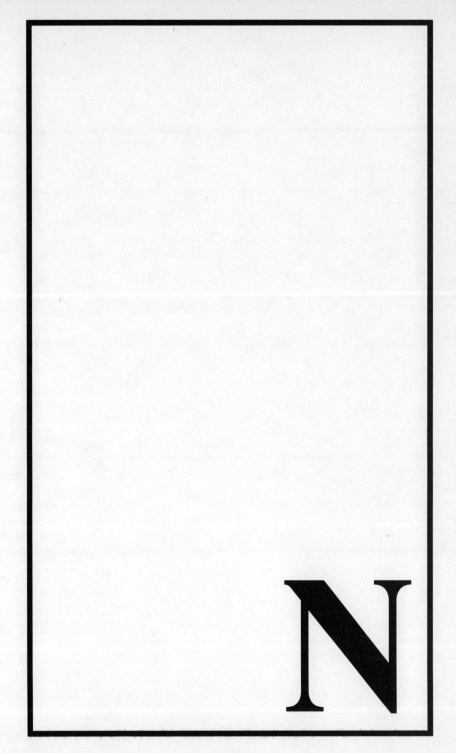

N (inutile)

C'est assez étrange, mais on rencontre des *n* inutiles très souvent dans certaines phrases. Voici des exemples recueillis dans les journaux tout récemment: Je n'aime pas à n'en parler; ça n'en vaut la peine; elle n'en parle toujours; je continuerai à n'en faire; elle a déjà commencé à n'en faire; c'est au juge à n'en décider; elle n'en veut un autre; elle nous invite à n'en prendre un autre; il m'a demandé combien il n'en prendrait.

NE..QUE

Tous savent que *ne...que* peut remplacer *seulement*. Bien souvent on oublie le *ne* et il ne reste que le *que* tout seul, comme dans les exemples suivants: ils sont intéressés qu'à leurs études; il en a pris qu'un pour lui; il lui en restait que deux; j'en ai qu'un; elle fait que pleurer; il y est allé qu'une fois. Pour ceux qui oublient facilement le *ne* il serait plus sage d'employer l'adverbe seulement: il est allé seulement une fois.

NE (explétif)

Explétif ici signifie qui n'est pas nécessaire au sens de la phrase, mais qui est exigé par la structure de la phrase et par certains mots et certains verbes.

Voici certains adjectifs et pronoms indéfinis qui exigent un *ne*:

personne:	personne ne le sait;	je n'ai vu personne;
rien:	rien ne le contente;	il n'a rien vu;
nul:	nul ne le sait;	ils n'ont vu nulle trace;
aucun:	aucun d'eux ne le sait;	je n'en ai acheté aucun;
pas un:	pas un du groupe n'est venu;	je n'en achète pas un seul;
ni...ni:	ni moi, ni lui n'irons;	il n'a approuvé ni moi, ni lui;
guère:	je ne les comprends guère;	il n'a guère le temps de se reposer.

Il y a aussi un *ne* explétif dans les comparaisons de majorité et de minorité avec *plus...* et *moins... que*:
Il est beaucoup plus fort que je ne le croyais.
Il fait moins froid que je ne l'aurais cru.

Avec la conjonction *avant que* le *ne* explétif est devenu facultatif: On peut dire: Avant qu'il ne soit trop tard ou avant qu'il soit trop tard. Avec *à moins que* on préfère garder le *ne:* À moins qu'il n'y en ait d'autres.

NÉ

Dans les mots composés avec *né*, on se demande souvent s'il faut un trait d'union et s'il y a un *s* au pluriel. Voici les normes:

Les mots composés de *né* prennent un trait d'union. Quant au pluriel, voyons les mots suivants: une aveugle-née, des aveugles-nées; un musicien-né, des musiciens-nés; un mort-né; des *mort*-nés; un nouveau-né; des *nouveau*-nés; un premier-né, des premiers-nés.

Quant à *nouveau* dans les mots composés, il n'y a pas de trait d'union et on doit faire les accords qui s'imposent (sauf pour *nouveau-né* qui est une exception) : un nouveau riche, des nouveaux riches; une nouvelle venue, des nouvelles venues. Cependant, pour les noms géographiques, on écrira: le *Nouveau-Mexique*, la *Nouvelle-Écosse*. On utilisera le préfixe *néo* dans le noms d'habitants: les *Néo-Écossais* (l'adjectif: *néo-écossais*).

NÉGATIVE

On ne dit pas: dans la négative, comme en anglais, mais *par la néga-tive* ou *négativement*. Il m'a répondu *négativement* ou *par la néga-tive*.

NÉGLIGEANT, NÉGLIGENT

Ne pas confondre l'adjectif *négligent* et le participe présent du verbe négliger *négligeant*. C'est un homme *négligent* qu'on voit souvent *négligeant* son travail.

NÉGOCIER

Jusqu'ici *négocier* signifiait *faire le commerce* ou encore *traiter une affaire* pour en arriver à une entente; mais de nos jours on en a fait un nouvel anglicisme en lui donnant le sens de *virer*, *tourner*: négocier un virage, un tournant. On devrait dire tout simplement en bon français: *prendre un virage*, *exécuter un virage*, *prendre un tournant*.

NÉOLOGISME

On entend par ce mot tous les mots nouvellement créés et acceptés, des mots qui n'existaient pas il y a 30 ou 40 ans. D'ailleurs on en crée tous les jours à la radio et dans les journaux. En voici quelques exemples: alunir ou allunir (au lieu d'atterrir sur la lune), environnemental, bébé-éprouvette, futurologie, limogeage, audiovisuel, bidonville, auditionner, alphabétisation, conflictuel. Dans le *Dictionnaire des mots nouveaux* publié par Pierre Gilbert en 1971, il y a 5 500 mots nouveaux ou néologismes.

NEUF

Pourquoi écrire: J'ai trois neufs dans mon jeu? *Neuf* est invariable: trois neuf dans mon jeu.

NI...NI

Avec l'usage de *ni...ni* il faut un ne explétif; quant au verbe il peut être au singulier ou au pluriel: ni moi, ni lui ne le savions. Ni son père ni sa mère ne pourra (ou pourront) partir ce soir. Attention à *ni...sans.* Au lieu de dire: Tout cela ne se fait pas sans fatigue ni sans dépense, on préfère: sans fatigue ni dépense ou sans fatigue et sans dépense.

NIAISER

Entendu l'autre jour: Il nous a niaisés! Il voulait certainement dire: Il nous a *attrapés*, il nous a *fait perdre notre temps*. Il est bon de se rappeler que le verbe niaiser et l'adjectif niaiseux n'existent même pas en bon français. Il n'y a pas de verbe: niaiser et au lieu de niaiseux, niaiseuse il suffit de dire: *niais, niaise*. Il est question de bon français et non de simples niaiseries! Il nous a niaisés a été dit en public par un ministre important.

NIER

On peut dire: Je nie d'y être allé seul ou je nie y être allé seul. La préposition *de* qui suit nier est donc facultative. Le verbe nier, en général, veut le verbe au subjonctif: Je nie que cela se soit passé ici même. Je ne nie pas qu'il ait fait cela.

NI L'UN...NI L'AUTRE

Cette négation demande le plus souvent le verbe au singulier, mais le pluriel est d'usage, si l'on veut insister sur le sens collectif: Ni l'un, ni l'autre n'a voulu accepter. Ni l'un ni l'autre ne valent grand-chose. Remarquez qu'il y a un *ne* explétif après ni l'un ni l'autre.

NOMBRE

Après *un grand nombre* de le verbe peut être au singulier ou au pluriel: Un grand nombre de soldats fut tué. Un grand nombre de soldats périrent dans ce combat. Avec *le plus grand nombre, le plus petit nombre* le singulier est de rigueur: Le plus grand nombre des participants était d'accord sur ce point.

NOMS COMPOSÉS

Lorsqu'il s'agit de deux noms, les deux prennent la marque du pluriel; des chefs-lieux, des coffres-forts, mais on va écrire: des grand(s)-mères, des grand(s)-tantes, des sauf-conduits, des pique-niques. Erreur fréquente: des compte rendus; il faut écrire des comptes rendus.

Pluriel de certains noms composés

des abat-jour
des arcs-en-ciel
des aide-mémoire
des après-midi
des arrière-boutiques
des avant-gardes
des avant-goûts
des avant-postes
des bains-marie
des blancs-seings
des blocs-notes
des bonshommes
des bornes-fontaines
des bouche-trous
des bric-à-brac
des cafés-concerts
des chauffe-bains
des chefs-d'oeuvre
des comptes rendus
des coq-à-l'âne
des couvre-lits
des faire-part
des faux-fuyants
des gagne-petit
des garde(s)-chasse

des garde-fous
des gardes-malades
des garde-robes
des gentilshommes
des grand(s)-mères
des grand(s)-messes
ds grands-oncles
des grand(s)-routes
des grand(s)-tantes
des gratte-ciel
des gratte-papier(s)
des haut-parleurs
des hors-bord
des hot-dogs
des laissez-passer
des libres-services
des lois-cadres
des mille-feuilles
des non-lieu
des nouveau-nés
des on-dit
des panneaux-réclame
des passe-partout
des pied-à-terre
des pique-niques

135

des pique-assiette
des porte-bagages
des pseudo-prophètes
des pur-sang
des sous-main
des soutiens-gorge
des stations-service

des surprises-parties
des Terre-Neuviens
des terre-pleins
des tête-à-tête
des timbres-poste
des tragi-comédies

NON PAS QUE

Toujours suivi du subjonctif: Il refusa net, non pas qu'il *fût* fâché, mais il n'était pas d'accord avec nous.

NON-RETOUR

Quand on écrit: c'est un autre point de *non-retour*, il faut un trait d'union et ne pas écrire: de non retour.

NOTICE

Une *notice* est simplement une courte description, un abrégé, tandis qu'on lui donne souvent un sens anglais, trop souvent hélas! Ne pas dire: on lui a donné une semaine de notice, mais on lui a donné ses huit jours ou un *préavis* de huit jours. Ne pas dire: On a affiché une autre notice sur le babillard, mais un autre *avis*, un autre *avertissement*. Ne pas dire: il a donné sa notice, mais sa *démission*, son *avis de démission*, son *avis de départ*. Ne pas dire: On lui a remis sa notice, mais son *congé*, son *avis de congédiement*.

NOUS et SE

Dans la conjugaison des verbes, surtout pronominaux ou réfléchis, attention aux pronoms. Ne pas écrire: Nous faisons notre possible pour se tenir au courant, mais pour *nous* tenir au courant. Ne pas crire: On nous invite à se joindre à eux, mais à *nous* joindre à eux. Même chose pour: Nous pourrons se reprendre un jour (nous pourrons *nous* reprendre un jour ou encore: On pourra se reprendre un jour). Ne pas écrire: Nous serons fiers de s'y réunir, mais: de *nous* y réunir. Ne pas écrire: C'est nous qui devrons s'y résigner, mais *nous* y résigner. La phrase suivante est encore pire: Nous s'en moquions très souvent pour: nous *nous* en moquions et encore une autre trouvée dans un journal: C'est là que nous pouvons se les procurer (*nous* les procurer).

NOUVEAU, NOUVEL

Très surpris de lire l'autre jour: un nouveau annuaire 1985 au lieu de: un *nouvel* annuaire, et puis plus loin: un nouvel hangar de la compagnie au lieu de: un *nouveau* hangar (hangar commence par un *h* aspiré).

NOYAU

On va écrire: des fruits à *noyau* (généralement un) et des fruits à *pépins* (généralement plus d'un).

NU

On a déjà vu le cas de demi qui varie après le nom et est invariable avant le nom: une demi-heure, mais une heure et demie. C'est un peu le cas de *nu*: Il s'en va *nu-pieds*, mais: Il s'en va *pieds nus*. Elle sort toujours *nu-tête*, mais: Elle sort toujours *tête nue*. Une exception: la *nue-propriété* de ses biens (terme juridique).

NUMÉRAUX

Attention, quand il s'agit d'adjectifs numéraux. Il y a le problème de vingt, cent et mille. Voir ces trois mots à la lettre respective. Ici je désire insister sur les traits d'union. Très souvent on lit dans les journaux: vingt-et-un endroits, trente-et-un ans. Lorsqu'il y a un numéral suivi de *un* il ne faut pas de trait d'union car le *et* constitue déjà le lien. Il faut écrire: *vingt et un, cinquante et un...* Ailleurs j'ai lu: trois-cent-cinquante chefs de pompiers s'y réuniront la semaine prochaine. Lorsque les deux ou trois chiffres forment un numéro supérieur à cent il n'y a pas de trait d'union. Il faut écrire: *trois cent cinquante* chefs de... On doit donc écrire: *quatre-vingt-dix-neuf* (inférieur à cent), mais *mille quatre cent soixante-trois*.

NUIRE

On dit: nuire *à* quelqu'un. N'ayant pas de complément direct, le participe passé de ce verbe est toujours invariable: ils *se sont nui* en déclarant cela. Elles *se sont nui* les unes aux autres. N'ayant pas de complément d'objet direct, on ne peut s'exprimer comme suit: elle craint que cela nuise les autres participants, mais plutôt *aux* autres participants.

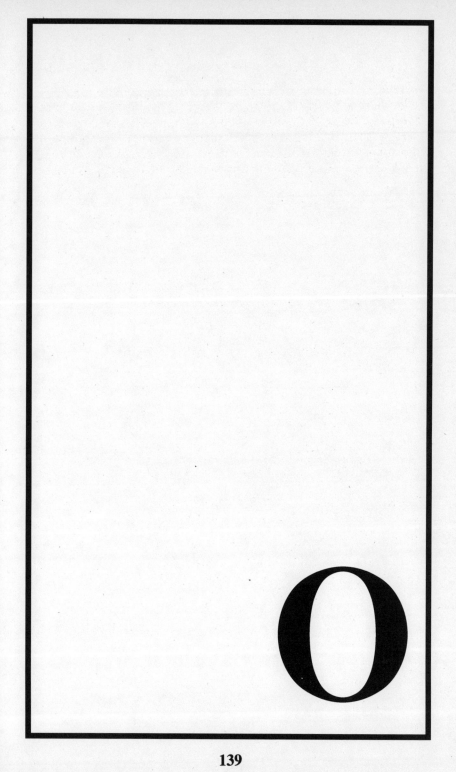

OBJECTER

Ce verbe s'emploie très souvent, mais on lui donne parfois une saveur anglaise. Assez souvent on entend: Je m'y objecte, il s'objecte à toutes nos décisions. Dans ces cas, il faut dire: *je m'y oppose*, je *suis contre*. Non pas: Je m'objecte au projet du maire, mais *je m'oppose*.

OCCUPÉ

On ne devrait point dire: Je suis occupé avec mon patron, il est occupé avec sa secrétaire, mais tout simplement: Je *suis avec* mon patron; il *est avec* sa secrétaire.

OEUF

Il est opportun de rappeler qu'on prononce: un *euf* au singulier et des *eux* au pluriel. Un oeuf, des oeufs. Quand on écrit: des jaunes d'oeufs, ce dernier mot se met au pluriel, car s'il y a plusieurs jaunes, il doit y avoir plusieurs oeufs (normalement). Même chose pour: Battre des blancs d'oeufs.

OFFICE

Ce mot a plusieurs significations, mais on en fait un anglicisme lorsqu'on dit ou écrit: Il n'est pas dans son office (dans son *bureau*) ou: les conseillers en office étaient tous présents (les conseillers *en fonction, en exercice*).

ON et L'ON

Très souvent on remplace on par l'on pour des raisons d'euphonie, pour éviter des hiatus. Au lieu de dire: et on ne le croit pas, on dit: et l'on ne le croit pas. Au lieu de: Voilà où on peut en trouver, on dit: Voilà où l'on peut en trouver. On écrit *l'on* après les petits mots suivants: et, ou, où, que, à qui, quoi, si: Si l'on pouvait y arriver. Mais il est bon d'éviter les allitérations dans le genre de: Et l'on lui lava la tête, ou encore: Si l'on le lui disait.

ON et NOUS

Attention dans l'usage de certains pronoms. Il faudrait éviter d'écrire: On doit respecter ce qu'on nous a donné et dire tout simplement: Nous devons respecter ce qu'on nous a donné (le premier *on* ne représente pas les mêmes personnes que le second *on*). Attention aussi lorsque *on* est suivi d'un verbe à la forme négative et que ce verbe commence par une voyelle: Ne pas écrire: On entend que le bruit du vent. Il faut écrire pour être correct: On n'entend que le bruit du vent. Ne pas écrire: On assistera pas à cette réunion, mais: on n'assistera pas à cette réunion.

ONZE, ONZIÈME

Parfois on entend: l'onze du mois, l'onzième personne. Il faut dire et écrire: le onze, la onzième (sans élision). Ne pas écrire: l'11 du mois ou l'onzième fois. D'ailleurs on dit bien: le un du mois, à la une du journal. Mais on dira: l'une et l'autre. Autant de chinoiseries, comme je disais à mes étudiants!

OPÉRATION

Que d'opérations inutiles! Comme s'il n'y en avait pas assez dans les hôpitaux! On rencontre des opérations à l'anglaise un peu partout. On ne doit pas écrire: tels sont les frais d'opération de ce commerce, mais les *frais d'exploitation*. Ne pas dire: Cette ligne d'autobus n'est plus en opération, mais n'est plus *en service*. Ne pas dire: cette mine n'est plus en opération, mais n'est plus en *exploitation*. Ne pas dire: cette entreprise locale n'est pas encore en opération, mais n'est pas encore *en activité*. Ne pas dire: cette nouvelle invention est déjà en opération, mais en *fonctionnement*. La langue française est si riche, pourquoi toujours mendier à l'anglais?

142

OPÉRER

Comme il y a beaucoup trop d'opérations, on opère partout! Pourquoi dire: Ce marchand opère depuis deux ans, au lieu de dire correctement: il *est ouvert*, il *est en affaires* depuis deux ans. Au lieu d'écrire: les entreprises qui opèrent au Québec, il faut dire: les entreprises qui *font affaires*, qui *fonctionnent* au Québec. Au lieu de dire: opérer une loterie, un commerce, dire tout simplement: *exploiter, tenir* une loterie, un commerce. Ne pas dire: il opère de la machinerie lourde, mais il *fait fonctionner*, il *manoeuvre*, il *conduit*. Il est drôle d'entendre: il opère une petite boutique. On se demande avec quel genre de bistouri!

OPINION

Pourquoi recopier l'anglais et dire: dans mon opinion? alors qu'il faudrait dire: *à mon avis, selon moi, d'après moi*. Ne pas dire: je suis d'opinion qu'il a tort, mais je *suis d'avis*, j'*estime*, je *crois* qu'il a tort.

OPPORTUNITÉ

On confond souvent une occasion et une opportunité. On ne pourra jamais dire: J'ai profité de cette belle opportunité, mais de cette belle *occasion*, de cette *chance* que j'avais. On ne dira pas: une autre opportunité d'emploi, mais une autre *possibilité*, une autre *occasion*. On ne dira pas: Vous avez manqué une belle opportunité de les rencontrer, mais une belle *occasion*. En parlant d'un joueur de hockey, on ne dira pas: Il n'a pas eu l'opportunité de compter, mais la *chance*, l'*occasion*, la *possibilité* de compter. Tout le monde peut dire: On a tous approuvé l'opportunité de ces nouvelles mesures.

OREILLE

On écrit: une boucle d'oreille (singulier), mais des boucles d'oreilles (pluriel). Ne pas écrire: Avez-vous fini de me rabattre les oreilles avec vos histoires? mais: avez-vous fini de me rebattre (jamais rabattre) les oreilles avec vos histoires). On peut rabattre le caquet, mais non les oreilles!

ORTHOGRAPHE

Il s'agit ici des mots qui sont très employés et dont on doute bien souvent de l'orthographe.

- A -

abrupt
accaparer
accru (accroître)
il acquiesça
acquit (pour)
adresse
affoler (s')
aggraver
une agrafe
une agression
agripper (s')
aiguë
à l'envi
allitération
amerrir
annuler

amygdales
les annales
apaiser
apercevoir
l'apparat
les appâts
un archevêque
arctique
arguer (il arguë)
un artichaut
assener
assujettir
asthme
atteler (j'attelle)
atterrir
attraper

- B -

le bagage
une balade (promenade)
un baladin
une ballade (chanson)
ballotter
barboter
un bateau
ils bâtirent (bâtir)
ils battirent (battre)
becqueter
une bicyclette
une boîte

il boite (boiter)
la bonhomie
un bonhomme
bot(e) (un pied bot)
le bouddhisme
boursoufler
bout (l'eau bout) et non bouille
un boute-en-train
un bris (de contrat)
une broncho-pneumonie
la bru

- C -

cachottier (cacher)
le carrousel
le catarrhe
cela (jamais celà)
c'est-à-dire
le chapitre
le chariot

le chrysanthème
chuchoter
la cime
combatif
un compte rendu
le confort
le coteau

- D -

un dahlia
débarrasser
dégrafer

un délai
le dîner
la dot

- E -

un éboulis
ébouriffer
des ecchymoses
une échalote
les égouts
un emblème
impiétement
enivrer
en deçà
enregistrer

éperdument
épousseter
erroné
l'événement
exalter
exempt(e)
exhaler
exhorter
exigence

- F -

une facétie
le faubourg
féerie
féerique

for (for intérieur)
le fond du lac
un fonds mutuel
les fonts baptismaux

- G -

une gageure
galoper
les gentilshommes
une gifle
une girafe

le goitre
pas grand-chose
une guenille
une guêpe
les guillemets

- H -

l'habileté
le hachis
un haltère
harceler
hardi

le hasard
hormis
huis clos (à)
l'hyène

- I -

imbécile
imbécillité
infâme

un infarctus
interjeter
interpeller

- J -

japper
joufflu

la jugeote

- K -

un kyste

- L -

un labyrinthe
le langage

la littérature
lice (entrer en lice)

- M -

le marguillier

le mariage

Méditerranée

la mélasse

deux milles (longueur)

deux mille personnes

un minerai (de fer)

la moelle

- N -

le naphte

- O -

les oignons

- P -

un palliatif

les pantoufles

parmi

les péripéties

la personnalité

la populace

le pouls

les prémices

les prémisses

psychiatre

un puits

pulluler

un pyjama

- Q -

que vous ayez

que vous soyez

que je les voie (subjonctif)

québécois

le qui-vive

- R -

une rafale
raffoler
rainette ou reinette (pomme de)
rebours (à)
rechaper (pour les pneus)
réchapper (se)
recréer

se récréer
le registre
un relais
un remords
ressortir
le rythme

- S -

sandwich(es)
sangloter
saoul, soûl
le sarrasin
une saynète (petite pièce)
le scarabée
le sirop

le soufre
le soussigné
un stigmate
succinct(e)
un sursis
sur-le-champ
le synonyme

- T -

un taon
un taudis
le toboggan
un tome
un torticolis

tout à fait
le trafic
tranquillité
la trêve

- V -

tu vas
va (impératif)
vas-y (impératif)
va-t-en (impératif)
le velours
la véranda

vraiment
verglacé
verglas
une vilenie
vingt et un
voire (même)

- Y -

le yacht

OUÏ-DIRE

Contrairement à notre oui de tous les jours, il faut un tréma sur le oui de *ouï-dire*. Au pluriel on écrit: des *ouï-dire* (invariable). Quand on a recours au vieux verbe ouïr (entendre), il faut écrire: j'ai *ouï dire* (sans trait d'union).

OUTRE, OUTRE DE

Il est incorrect d'écrire: *outre* pour *en plus de*. Alors ne pas dire: Outre d'inscrire son nom sur une feuille, il... Il faut dire: *En plus d'inscrire... Outre que* veut l'indicatif: Outre qu'elle est riche, elle est belle, qui correspond à: En plus du fait qu'elle est riche, elle est belle. On ne peut pas dire: Outre d'être muet, il est bossu, mais: *En plus* d'être muet, il est bossu. Ne pas dire: En outre de m'insulter, il me condamne, mais: *En plus de* m'insulter, il...

OUVERTURE

Attention au mot ouverture employé à l'anglaise. Ne pas dire: Il n'y a pas beaucoup d'ouvertures sur le marché du travail, mais: pas beaucoup de *débouchés*, d'*emplois*, de *vacances*, de *places*. Ne pas dire: il n'y a pas d'ouvertures pour ce nouveau produit, mais: de *débouchés*.

OUVRAGE

Ce mot est et reste masculin, tout comme un travail. Alors ne pas dire: Vous avez fait de la belle ouvrage, mais du bon ouvrage, du bon travail.

P

PACE-MAKER, PACE MAKER, PACEMAKER

Ce mot anglais existe depuis 1968 et il se traduit en bon français par *stimulateur cardiaque*.

PALLIER

Ne pas confondre avec *palier* (un seul *l*) : le palier de l'escalier. Le verbe *pallier* est transitif direct. Il faut dire: pallier les inconvénients de la situation, même si l'on entend très souvent: il faut pallier aux inconvénients. Peut-être à cause de l'influence du verbe *remédier à*, qui n'a pas exactement la même signification. Il faut donc dire: pallier la pénurie de combustible et non à la pénurie, ou pour être plus sûr: remédier à la pénurie de combustible.

PAMPHLET

Un pamphlet est uniquement un écrit satirique préparé par un pamphlétaire. On l'emploie trop souvent avec un sens anglais au lieu de *dépliant, brochure, brochurette, prospectus*. On ne peut donc pas distribuer des pamphlets sur l'inscription à l'Université.

PANTALON

Il faut dire: *mon pantalon* et non mes pantalons, même s'il y a deux jambes, il n'y a qu'un morceau de vêtement. Le pantalon va jusqu'au pied et la culotte va jusqu'au genou. Alors c'est: mon pantalon et aussi ma culotte. On ne dit pas: une paire de pantalons, à moins qu'on n'ait acheté deux pantalons.

PAR ou AVEC

Très souvent on emploie la préposition *avec* au lieu de *par*. Voici les cas les plus fréquents:

non pas	*mais*
Commencer un livre avec un bon chapitre	par un bon chapitre
Arriver avec le train de Halifax	par le train de Halifax
Je m'enrhume avec ce temps de chien!	par ce temps de chien
Avec quel autobus arrives-tu?	Par quel autobus

PARADE ou DÉFILÉ

Quand on parle de modes, de mannequins, il faut dire: un défilé de modes, un défilé de mannequins. On dit aussi: le défilé de la St-Jean, mais on assiste à une grande parade militaire.

PAR CONTRE

Ne pas confondre *par contre* (en revanche, en compensation) et par compte (qui n'existe pas comme tel), mais que l'on retrouve trop souvent. Ne pas écrire: Par compte, il a été bien traité par ses adversaires, mais: *Par contre*, il a été...

PAREIL (SANS)

On écrit: des bijoux sans pareils; des perles sans pareilles.

PARLÉ

Dans le verbe *se parler* (pronominal) le participe parlé est invariable. Il faut écrire: Elles se sont parlé hier soir (elles ont parlé à se, aux autres, les unes aux autres). Donc complément indirect.

PARONYMES

Les *paronymes* sont des mots qui sont proches l'un de l'autre par la forme. Aussi est-il bon de consulter un dictionnaire pour en connaître les sens avant de les utiliser.

abjurer	adjurer
acception	acceptation
acompte	escompte
adapter	adopter
adjoindre	enjoindre
affection	affectation
affermir	affirmer
affiler	effiler
affleurer	effleurer
afin	enfin
allocation	allocution
allusion	illusion
altitude	latitude
cément	ciment
cession	session
coasser	croasser
collaborer	corroborer
collision	collusion
compréhensif	compréhensible
conjecture	conjoncture
consommer	consumer
couvercle	couvert
criant	criard
croire	croître
cui	cuivre
déchirure	déchirement
de concert	de conserve
démythifier	démystifier
dissension	dissentiment
éclairer	éclaircir
effraction	infraction
enfantin	infantile
enluminer	illuminer
échoir	échouer
égaler	égaliser
éminent	imminent
épigraphe	épitaphe
éruption	irruption

exalter	exulter
exode	exorde
flagrant	fragrant
flamber	flamboyer
fleurissant	florissant
gradation	graduation
gradé	gradué
hiberner	hiverner
idiotie	idiotisme
inclinaison	inclination
infecter	infester
injection	injonction
isolation	insolation
obédience	obéissance
obligation	obligeance
officiel	officieux
oppresser	opprimer
percepteur	précepteur
prescrire	proscrire
progressif	progressiste
présomptif	présomptueux
putrescent	putride
quant à	tant qu'à
raconter	rencontrer
radier	rayer
recouvrer	recouvrir
renforcer	renforcir
romanesque	romantique
semblable	similaire
signaler	signaliser
simplicité	simplisme
spéciaux	spécieux
stade	stage
stupéfait	stupéfié
suggestion	sujétion
vénéneux	vénimeux

PARTI ou PARTIE

Attention à cet homonyme insidieux. On doit écrire: Il devra prendre *parti* pour eux. Il a été pris *à partie* par ses voisins. Il a su tirer *parti* de cet inconvénient. Il est donc incorrect d'écrire: Il devra prendre partie pour la compagnie.

PARTICIPE PASSÉ

Seulement pour le participe passé et son accord il faudrait tout un livre. Voici une liste d'erreurs trop fréquentes recueillies dans les journaux:

Elle s'est mise les pieds dans les plats. Il faudrait *mis* car le complément direct (les pieds) est après.

Ils se sont écrits de nombreuses lettres. Il faudrait *écrit* car le complément direct (lettres) est après le verbe.

Elle s'est dit très heureuse du résultat. Il faudrait *dite* car le complément direct (se, elle) précède le verbe dire.

Elles se sont données la peine d'y répondre. Il faudrait *donné* car le complément direct (la peine) est après. Elles ont donné la peine à elles-mêmes.

Ils s'étaient partagés les tâches de ce congrès. Il faudrait *partagé*, car le complément (les tâches) est après le verbe.

Tous les probèmes qu'il a eu à étudier. Il faudrait *eus* car le complément (les problèmes) précède le verbe.

Ils se sont lancés des verres au visage. Il faudrait *lancé*, car le complément (des verres) suit le verbe. Ils ont lancé quoi? des verres. À qui? à eux.

Nous ne nous sommes jamais reparlés. Il faudrait *reparlé* car le verbe parler est intransitif (parler à). Parler à qui? à nous.

Accord du participe passé:

Les participe passé d'un verbe conjugué avec l'auxiliaire *avoir* s'accorde si le complément direct le précède: les livres que j'ai achetés; les personnes que j'ai vues.

Il est invariable si le complément est après ou s'il n'y en a pas: j'ai acheté quelques livres hier; nous avons regardé dans toutes les directions.

Si le verbe est conjugué avec l'auxiliaire *être*, il s'accorde:

a) lorsqu'il s'agit de la forme passive: elles ont été blessées dans cet accident; ces lettres avaient été écrites en français;

b) pour les verbes suivants dont la plupart sont des verbes de mouvement: aller, arriver, descendre, devenir, entrer, monter, mourir, naître, partir, rentrer, rester, retourner, revenir, sortir, tomber, venir: elles sont devenues muettes; elles étaient sorties ensemble; ils sont restés à la maison;

c) pour les verbes pronominaux ou réfléchis directs: elles se sont rencontrées mais ne se sont pas parlé; elles se sont saluées mais ne se sont rien dit; elles se sont lavées; elles se sont lavé les mains;

d) lorsqu'il s'agit d'un verbe essentiellement (toujours) pronominal: ils se sont abstenus de voter (abstenir n'existe pas); elles ne se sont pas souvenues de vous (souvenir n'existe pas); ils s'étaient emparés de tout le butin (emparer n'existe pas).

Le participe passé des verbes dont le complément direct est *en* reste invariable: j'ai vu beaucoup de belles fleurs, mais je n'en ai pas acheté; cette limonade est très bonne; j'en ai bu.

Avec les verbes impersonnels, le participe passé reste invariable: Que de soins il a fallu pour la sauver! Malgré tous les dommages qu'il y a eu...

Le participe passé du verbe *faire* suivi immédiatement d'un infinitif est toujours invariable: La maison que je me suis fait bâtir; Elles se sont fait traiter par un spécialiste.

Il faut observer attentivement tous les cas qui suivent. Pour chacun il faut faire l'analyse et se demander si l'objet direct précède ou suit le verbe:

Voici la soie qu'on leur a donné à tisser (on leur a donné à tisser la soie).

Cette étoffe est très bonne; je l'ai vu tisser (j'ai vu tisser l'étoffe).

Cette femme-là, je l'ai vue tisser maintes fois (j'ai vu la femme qui tissait).

Elles se sont ennuyées d'attendre si longtemps (elles ont ennuyé elles-mêmes, alors l'objet précède).

Ils se sont menti au cours de cette discussion (on ment à quelqu'un; objet indirect).

Tous les fils se sont succédé à la tête de l'entreprise (on succède à quelqu'un).

Elle s'est coupé la main et s'est blessé un genou (les 2 objets directs suivent).

Les 200 dollars que cette réparation m'a coûté (coûter est ici intransitif).

Elles se sont accordées sur ce point (pronominal direct).

Elles ne se sont accordé aucun répit (pronominal indirect).

Elle a pris les médicaments qu'il a fallu (verbe impersonnel). (Il a fallu prendre les médicaments).

La famine qu'il y a eu dans cette région (verbe impersonnel; y avoir).

Les orages qu'il a fait la semaine passée (verbe impersonnel; il fait de l'orage).

Les trente milles que nous avons couru (courir est ici intransitif).

Les 75 ans qu'il a vécu à Québec (vivre est intransitif au sens propre).

La chanson que j'ai entendu chanter (j'ai entendu chanter la chanson. La chanson ne chantait pas). Mais on dira: La chanteuse que j'ai entendue chanter (j'ai entendu la chanteuse).

Les fruits que j'ai vu cueillir (même raisonnement).

Les sommes qu'ils ont eu à verser (ils ont eu à verser les sommes).

Cette fleur n'est pas aussi belle que je l'avais cru (c'est ici un pronom neutre qui remplace toute une proposition).

La chose est plus sérieuse que nous ne l'avions pensé (même raisonnement).

159

Elles s'en sont repenties le lendemain (essentiellement pronominal).

Elle s'est mise à faire la cuisine (elle a mis elle; objet direct avant).

Ils se sont ri de mon attitude (on rit de quelque chose).

Elle s'est plu à le taquiner (on se plaît à quelque chose).

Que de personnes se sont craintes, déplu, détestées, haïes, menti, trompées, nui! (on craint quelqu'un, mais on déplaît à quelqu'un, etc.).

Ils se sont aperçus de leur erreur (verbe pronominal non réfléchi).

Elle s'était attendue à plus d'égards (même chose).

Ils se sont succédé toutes les cinq minutes (on succède à...).

Ils se sont arrogé bien des droits (le complément est après).

Voici la personne que j'ai vu opérer à coeur ouvert (elle n'opérait pas, mais elle était opérée par quelqu'un).

Les médecins que j'ai vus opérer (ils opéraient).

Que de pluie il est tombé! (verbe impersonnel).

Les voleurs que j'ai entendu condamner (j'ai entendu condamner les voleurs. Les voleurs ne condamnaient pas).

Les voleurs que j'ai entendus marcher (les voleurs marchaient).

PARTICIPE PRÉSENT

Le participe présent crée moins de problèmes. Il se termine toujours en *ant* et reste invariable. Si ce même participe présent est employé comme adjectif verbal, alors il varie: J'ai écouté ces ouvriers *encourageant* leurs confrères (ici on peut dire: qui encourageaient leurs confrères). Il est verbe et invariable. Mais on écrira: Voilà des patrons très *encourageants*, qui ont des paroles très *encourageantes*. Il est clair que dans la phrase suivante le participe présent devrait rester au singulier, car il indique bien l'action et il ne s'agit nullement d'un adjectif verbal: Voici des documents traitants de la réforme envisagée. Il faut écrire: *traitant* (invariable). Un autre exemple pour voir la différence entre le participe et l'adjectif verbal: On aime les enfants *obéissant* à leurs parents. On a toujours aimé les enfants vraiment *obéissants*.

PARTICULIER

Particulier signifie spécial, individuel, privé, mais on lui donne souvent un sens anglais. Il ne faudrait pas écrire ou dire: Il est très particulier dans son travail, mais plutôt: très *soigneux, méticuleux, minutieux* dans son travail.

PARTIR

Attention à l'usage de ce verbe. Il ne faudrait pas dire: Il est parti à Québec, mais il est parti *pour* Québec (destination). Ne pas dire: Il partira en Saskatchewan, mais *pour* la Saskatchewan. Ne pas dire non plus: Il part pour un mois, mais il *s'absente* pour un mois. Non pas: il est parti pour un an, mais: il sera absent un an.

Puis il faut éviter les anglicismes suivants pour traduire *to start*:

ne pas dire	*mais*
partir un commerce	fonder, ouvrir un commerce
partir une entreprise	lancer une entreprise
partir une affaire	lancer, mettre en train
partir une automobile	faire partir, mettre en marche
partir une discussion	engager une discussion
partir une rumeur	lancer une rumeur

PAS...UN

Pas un se construit avec *ne*: Pas un n'osa parler. *Pas un qui* veut le subjonctif avec ou sans *ne*: Pas un qui ait l'eau courante ou: Pas un qui n'ait l'eau courante. Dans le premier cas l'eau courante manque à tous et dans le second cas tout le monde en a. Attention donc à ces constructions!

PASSÉ ANTÉRIEUR

C'est un temps un peu méconnu et difficile à manier. Le passé antérieur, comme son nom l'indique bien, décrit une action qui s'est passée avant une autre passée elle aussi: Quand il eut fini de parler, il s'assit ou s'est assis. Au passé antérieur, les auxiliaires eut et fut n'ont jamais d'accent circonflexe: après qu'il fut parti, qu'il eut fini.

On peut remplacer le passé antérieur soit par le passé surcomposé, soit par le participe passé. Quand il eut fini de parler, il s'assit, peut devenir: quand il a eu fini de parler ou simplement: ayant fini de parler.

De nos jours, sans aucune raison valable, on a tendance à remplacer le passé antérieur par le passé du subjonctif. Au lieu d'écrire: Après qu'il fut parti, tout fut fini, on écrit et l'on entend: après qu'il soit parti... Les journalistes ont propagé cette nouvelle mode et l'emploi du subjonctif se généralise, mais on a bien tort. Quand on dit: après que, ça veut dire que l'action est bien passée, ce n'est plus une action possible ou probable, mais certaine, qui est du passé et qu'on peut montrer du doigt, en ayant recours à l'indicatif, depuis que la grammaire est grammaire!

PASSÉ DÛ

Ne pas dire: passé dû (past due), mais plutôt *échu, en souffrance*. Non pas: votre compte est passé dû, mais votre compte est *en souffrance* ou simplement: votre compte est *échu* depuis une semaine.

PASSÉ SURCOMPOSÉ

Comme j'y ai fait allusion plus tôt et comme les gens trouvent le passé antérieur un peu lourd et difficile à employer, on entend de plus en plus, surtout dans la langue parlée, une autre forme verbale qu'on désigne sous le nom de passé surcomposé, pour la raison qu'il se compose de deux auxiliaires et d'un seul participe passé. Au lieu de dire: Après qu'il eut mangé (passé antérieur, sans accent circonflexe) on dit: après qu'il a eu mangé (passé surcomposé avec 2 auxiliaires). Au lieu de dire: dès qu'il eut fini (passé antérieur), il sortit, on peut dire: dès qu'il a eu fini (passé surcomposé), il sortit. On pourrait tout aussi bien écrire: après avoir fini ou simplement ayant fini (ces deux formes sont claires, faciles à employer, mais trop oubliées).

On rencontre le passé antérieur et le passé surcomposé après les conjonctions: aussitôt que, dès que, après que, lorsque, quand, à peine, une fois que. En un mot, après les conjonctions de temps.

PÉCUNIER ou PÉCUNIAIRE

On ne doit pas dire ou écrire: un problème pécunier, sa situation pécu-
nière, un intérêt pécunier, mais un problème *pécuniaire*, sa situation
pécuniaire, un intérêt *pécuniaire*.

PEINE, À PEINE

Quand une proposition commence par *à peine* le sujet du verbe se met
généralement après le verbe, il y a donc inversion: À peine fut-il
revenu qu'il vint nous voir. À peine est-il sorti du lit, qu'il commence
à chanter. Cette même inversion se produit avec l'usage des mots:
ainsi (ainsi soit-il), aussi, au moins, du moins, peut-être (peut-être
l'avait-il oublié), sans doute.
Grand-peine s'écrit avec un trait d'union: je ne comprends qu'à grand-
peine (très difficilement).

PÉNITENCIER, PÉNITENCIAIRE

Le mot *pénitencier* est un nom seulement, pas un adjectif. L'adjectif
est *pénitentiaire*. Le pénitencier est une prison, un bagne: Il y a trop
de criminels dans ces pénitenciers. Mais on ne peut pas dire: un système pénitencier, une colonie pénitencière; il faut écrire: un système
pénitenciaire, une colonie *pénitentiaire*, un établissement *pénitentiaire*.

PERMETTRE

Attention au participe passé. Voici deux exemples: Elle s'est permis
(invariable: elle a permis à elle-même) de refuser mon invitation.
Mais: La liberté qu'elle s'est permise dans cette occasion (elle a permis à elle-même la liberté; le complément liberté est donc avant et le
participe s'accorde).

PERSONNE

Personne est accompagné de *ne*: Personne *ne* l'a cru. Et *personne*,
pronom indéfini, est toujours invariable. Elles y sont allées *en personne* (personnellement). Des personnes-ressources prend un trait
d'union.

PEU S'EN FAUT

Après *peu s'en faut*, *peu s'en est fallu*, on met un *ne* et le subjonctif: Peu s'en faut qu'il *ne prenne* son avion. Peu s'en est fallu qu'il *ne soit frappé* par cette voiture.

PIÈCE

Au lieu de dire: un document d'identité, il faudrait dire: une *pièce d'i-dentité*, comme un passeport.
Au lieu de dire: J'ai un trois appartements ou j'ai un appartement de trois chambres, il faudrait dire: J'ai un appartement de trois *pièces* ou j'ai un trois pièces. Ne pas dire: des pièces d'ameublement, mais des *meubles* ou du *mobilier*.

PIQUE-NIQUE

Le pluriel de pique-nique est *pique-niques*, mais le pluriel de pince-sans-rire est *pince-sans-rire*.

PIRE ou PIS

On ne dit pas: tant pire pour toi, mais: tant pis pour toi. On ne dit pas: ça va de mal en pire, mais de *mal en pis*. Ne pas dire: toujours plus pire, mais: toujours *pire*. On ne dit pas non plus: elle est moins pire que l'autre, mais: *pire* (qui est déjà le comparatif de mauvais). On ne dira pas d'ailleurs: plus meilleur, moins meilleur qui sont déjà des comparatifs. Aussi on dira: *au pis aller, de pis en pis, qui pis est...*

PLACE

À éviter l'anglicisme: prendre place (to take place). Ne pas dire: Le défilé prendra place samedi prochain, mais: Le défilé *aura lieu* ou bien *se tiendra* samedi prochain.
Ne pas dire non plus: à place Sainte-Foy, mais: à la place Sainte-Foy, à la place Laurier.

PLAIN ou PLEIN

En général, on rencontre l'adjectif *plein* avec *e*, mais dans le mot *plain-chant* et l'expression *de plain-pied*, il faut écrire *plain* avec un *a*. Mais, en *pleine* face.

PLAIRE (SE)

Le participe passé du verbe *se plaire* est toujours invariable: Elles se sont *plu* à me le dire. Même chose pour les participes: *complu* et *déplu*.

PLÉONASME

Le pléonasme est l'emploi de termes superflus; il consiste à employer deux expressions différentes pour une même idée; ils sont donc à éviter:
monter en haut (monter au deuxième, troisième...);
descendre en bas;
la ville où j'y suis allé (où je suis allé);
la maison d'où il en est sorti (d'où il est sorti);
c'est bien à lui à qui je pense (à lui que je pense);
sors dehors (sors);
prévoir d'avance (prévoir);
suivez derrière moi (suivez-moi);
tous sont unanimes à le dire (tous le disent, ils sont unanimes);
j'y suis contraint malgré moi (j'y suis contraint);
collaborer ensemble (collaborer);
s'entraider mutuellement (s'entraider);
le travail quotidien de chaque jour (le travail quotidien);
réengager à nouveau (réengager, engager à nouveau);
une panacée universelle (une panacée, un remède universel);
et puis ensuite (ensuite, et puis);
une maison dont son prix est très élevé (dont le prix est...);
suivront ensuite d'autres conséquences (suivront d'autres...);
il devra s'y conformer à cette règle (il devra se conformer...);
joignez-les ensemble (joignez-les, mettez-les ensemble);
ç'a duré une heure de temps (ç'a duré une heure);
voler en l'air (voler);
elles s'empilèrent les unes sur les autres (elles s'empilèrent);
pour nous y rassembler tous ensemble (pour nous y rassembler);
reculer en arrière (reculer).

PLUME

Un lit de plume, du gibier à plume. Plume au singulier, mais d'aucuns admettent le *s* au pluriel. Mais un poids plume, des poids plume. Au pluriel, pas de *s* et pas de trait d'union.

PLUPART (LA)

Le verbe qui suit *la plupart* se met au pluriel: La plupart ne le *croient* pas. La plupart *écrivent* sans chercher dans le dictionnaire. La plupart des étudiants *réussissent.* Avec un nom au singulier, on le laisse au singulier: La plupart du monde n'y croit pas. La plupart du temps se passait à lire.

PLUS DE, PLUS QUE

On emploie *plus de* devant un adjectif numéral. On ne dira pas: plus que cent fois, mais *plus de* cent fois. Non pas: plus que deux cents personnes, mais *plus de* deux cents personnes. S'il y a comparaison entre deux numéros, on mettra *que*: 30 est *plus* grand *que* 25. Puisqu'on parle de *plus...que,* il est bon de rappeler que dans les phrases comparatives avec *plus...que* et *moins...que* il faut un *ne* explétif, qu'on oublie la plupart du temps. Il faut écrire: Il est plus heureux que vous *ne* l'êtes. Il fait plus froid que je *ne* le pensais. Il est moins fort que je *ne* l'aurais cru.

PLUS (DES)

On dira: une espèce *des plus rares* (au pluriel: parmi les plus rares) ou *des plus rare* (au singulier: très rare). La distinction n'est pas toujours entre *parmi les plus* et *très,* mais dans certains cas, c'est plus qu'évident: Ils chantent des plus juste; c'est un homme des plus loyal envers sa femme.

POIGNÉE

Une poignée de main s'écrit sans *s* à main. Au pluriel, les deux sont acceptés: *poignées de main* et *poignées de mains.*

166

POINT-VIRGULE

Il y a toujours un trait d'union. On préfère dire: un *point-virgule* plutôt qu'un point et virgule.

POINT DE VUE

Voici mon point de vue. Au point de vue moral (adjectif). Mais on ne dira pas: Au point de vue moralité, mais: au point de vue *de* la moralité. On ne dira pas: du point de vue orthographe, mais: du point de vue *de* l'orthographe, ou: du point de vue orthographique.

POSER

Il est incorrect d'écrire: il a posé un geste bien énergique. On ne dit pas: poser un geste, mais *faire, accomplir* un geste. Mais d'ailleurs on dit: poser une question et non: demander une question (to ask a question).

POSITIF

Ne pas dire: je suis bien positif sur ce point-là, mais: je suis *bien sûr, bien certain*, sur ce point-là. Je suis positif traduit de l'anglais: to be positive.

POSITIVEMENT

Encore l'anglais (positively), qui montre le nez. Ne pas dire: il est positivement interdit d'entrer, mais: il est *formellement* interdit d'entrer. On peut dire: il a répondu bien positivement (d'une façon positive, sûre, certaine). Voir le mot: définitivement qui traduit: definitely.

POSSÉDER

Ne pas dire: il possède un doctorat, mais plutôt: il *détient*. Il faut dire: Elle possède, elle détient une maison, une fortune et non: Elle appartient une maison, elle appartient deux propriétés. Elle n'appartient pas la maison, mais la maison *lui appartient*.

167

POSSIBLE ou POSSIBLES

Possible est invariable: devant un nom et précédé lui-même d'un superlatif; après un nom pluriel précédé d'un superlatif. Présenter le plus possible d'excuses. Payer le moins d'impôts possible. Il est variable quand il se rapporte à un nom: Il a éprouvé tous les malheurs possibles. Elle a lu tous les livre possibles.

POSSESSIF après DONT

Ne pas écrire: Voilà l'homme dont son fils est mort l'an passé, mais: l'homme dont *le* fils est mort l'an passé. *Dont* et l'adjectif possessif qui suit constituent un pléonasme. Certains parents dont leurs enfants sont au désespoir doit se dire: dont *les* enfants...

POUR

La préposition *pour* s'emploie inutilement et trop souvent à la sauce anglaise:

ne pas dire	*dire*
Il a été là pour deux mois	... deux mois, pendant 2 mois
j'ai demandé pour le patron	j'ai demandé le patron, de voir le patron
combien as-tu payé pour ça?	... as-tu payé cela, ça
il cherche pour son livre neuf	il cherche son livre neuf
lot réservé pour les cadres	réservé aux cadres
une autre demande pour du matériel	une demande de matériel
impossible pour notre bureau de l'approuver	imposible à notre bureau...
il y a nécessité pour plus d'investissements	... nécessité d'investissements
soumissionner pour un contrat	soumissionner à une adjudication

POUR...QUE

Pour grands (quelque grands) que soient les rois, ils sont ce que nous sommes. Il faut le subjonctif dans cette construction.

PRATIQUER

Le verbe pratiquer est très pratique, mais il ne devient jamais un verbe pronominal comme lorsqu'on entend, malheureusement trop souvent: Ils se sont pratiqués pendant deux heures. Il faut dire: Ils *ont pratiqué* deux heures ou pendant deux heures (jamais pour deux heures). Ne pas dire: Elle se pratique tous les jours. Je me pratique avant d'y aller. *Pratiquer* n'a pas de forme pronominale.

PRÉFÉRER

Préférer de ne se dit plus guère. Mieux vaut dire: je préfère ne pas y aller et non: Je préfère de ne pas y aller. Je préfère me retirer et non: Je préfère de me retirer.
S'il y a un adverbe, c'est mieux de garder le *de*: Je préfère de beaucoup la mer à la montagne.
Préférer que sonne vieux jeu et alors mieux vaut dire: J'aime mieux sortir que de rester renfermé ou encore: Je préfère sortir plutôt que de rester renfermé, au lieu de dire: Je préfère sortir que de rester renfermé.

PRENDRE

On abuse de ce verbe qu'on met à toutes les sauces et plusieurs d'entre elles ont une saveur anglaise:

ne pas dire	*dire*
ça prend 3 jours pour y aller	il faut 3 jours, on met 3 jours pour
je prends une marche tous les jours	je fais une promenade
il prend une chance	il court le risque, il tente de
elle prend cela pour acquis	elle le tient pour acquis
ils prennent le vote	ils votent, ils font voter
ils a pris action contre moi	il m'a intenté un procès
prendre ça aisé	ne pas s'en faire ; en prendre à son aise

PRENDRE (S'Y)

Le participe passé de ce verbe est variable. Elle s'y est bien mal prise (et non mal pris).

PRÉOCCUPER (SE)

Se préoccuper est suivi de *de* et non de *avec* comme en anglais. Il est donc incorrect d'écrire: elle se préoccupe avec le résultat de ses examens. Il faut écrire: *du* résultat de ses examens.

PRÉPOSITIONS

ne pas dire	*dire*
	- à -
avoir à la main	sous la main
insister à dire	pour
perdre la rondelle à Richard	aux mains de
sans préjudice à ses droits	de ses droits
la plus grande au monde	du monde
la maison à Pierre	de Pierre
le fils à Jacques	de Jacques
partir à Québec	pour Québec
100 minots à l'arpent	par arpent
à bonne heure	de bonne heure
à matin, à soir	ce matin, ce soir
à chaque jour	chaque jour
à tous les jours	tous les jours
aider à quelqu'un	aider quelqu'un
sans égard au texte	pour le texte
même à ça	même alors
	- dans -
la clef est dans la porte	sur la porte
intéressé dans vos projets	à vos projets
participer dans les discussions	aux discussions
dans mon opinion	à mon avis
	- de -
sans égards de leurs idées	pour leurs idées
je m'attends de le voir	à le voir
avoir de besoin de lui	avoir besoin de lui
marcher de reculons	à reculons

3 $ de l'heure	l'heure, par heure
trop de bonne heure	de trop bonne heure, trop tôt
si de bonne heure	de si bonne heure, si tôt
je me souviens de d'autres détails	d'autres détails (sans *de*)
emprunter de mon voisin	à mon voisin
il vaut mieux d'attendre	il vaut mieux attendre
à part de lui	à part lui

- *en* -

être en accord avec lui	être d'accord avec
des remerciements en profusion	à profusion
arriver en temps	à temps
en ordre alphabétique	par
aller en ville	à la ville
aller en bicyclette	à bicyclette
une semaine en campagne	à la campagne
je suis en faveur de ce candidat	pour ce candidat
s'en attendre	s'y attendre
en dedans de deux heures	en moins de
il est en devoir	il est de service
en rapport avec cet incident	concernant, au sujet de

- *avec* -

remplissez avec de l'eau	remplissez d'eau
comparé avec les autres	aux autres
vendre avec perte	à perte
avec de rares exceptions	à de rares exceptions près
un homme avec ides idées arrêtées	aux idées
une maison avec un toit rouge	au toit rouge
avec tous ses défauts, il est aimable	malgré tous ses défauts...
chargé avec du blé	chargé de blé
des souliers avec des talons de caoutchouc	aux talons de caoutchouc
il est avec la même compagnie	au service de, à la compagnie
être confronté avec un problème	à un problème
je suis avec vous dans 2 minutes	à vous dans 2 minutes
c'est avec regret que...	à regret que...
vérifiez donc avec la direction	auprès de la direction
impliqué avec beaucoup de problèmes	dans beaucoup de problèmes

six pieds par deux   six pieds sur deux
je l'ai reconnu par sa voix   à sa voix
il est estimé par tous   estimé de tous ses collègues
 ses collègues
il l'a fait par exprès   il l'a fait exprès

- après -

elle est après se laver   à se laver, en train de
la clé est après la porte   à la porte, sur la porte

- pour -

il l'a cherché pour deux jours   cherché pendant...
une commande pour trois divans   commande de trois divans
il est impossible pour notre   à notre bureau de
 bureau de
réservé pour les joueurs   aux joueurs
meilleurs voeux pour la   de la nouvelle année
 nouvelle année
soumettre pour approbation   à l'approbation
je vous félicite pour votre   de votre réussite
 réussite
je ne suis pas pour le laisser   je ne le laisserai pas faire
 faire
j'ai cherché pour lui   je l'ai cherché
demandez pour le gérant   demandez le gérant
qui va payer pour le repas?   qui va payer le repas?
il est responsable pour   responsable de cette perte
 cette perte

- sur -

il est sur l'ouvrage   à l'ouvrage, au travail
vivre sur sa pension   vivre de sa pension
il marche sur la rue   dans la rue
elle est sur le téléphone   au téléphone
je l'ai vu sur le train   dans le train
            sur l'autobus   dans l'autobus
            sur l'avion   dans l'avion

172

sur le voyage, je ne bois pas	en voyage,...
il est sur son départ	il est sur le point de partir
je l'ai vu sur la télévision	à la télévision
il a parlé sur la radio	à la radio, sur les ondes
je l'ai lu sur le journal	dans le journal
sur semaine	en semaine
sur le deuxième plancher	au deuxième étage
il travaille sur la ferme	à la ferme, dans la ferme
il sera sur cette émission	à cette émission
siéger sur un comité	à un comité, au sein de
accroché sur le mur	accroché au mur
il sera sur l'air ce soir	en ondes ce soir
elle est sur une diète	au régime

- *sous* -

je suis sous l'impression que	j'ai l'impression que
sous certaines circonstances	dans certaines circonstances
un projet sous étude, sous examen	à l'étude, à l'examen
elle est encore sous observation	en observation
il faut 20 degrés sous zéro	au-dessous de zéro

- *comme* -

pareil comme lui	pareil à lui
pareille comme les miens	pareille aux miens

PRESQUE

Pour presque il n'y a pas d'élision, excepté devant le mot île: une *presqu'île*; autrement on écrit toujours *presque*: elle est *presque* épuisée, c'est *presque* inutile, il est *presque* aveugle.

PRÉVALOIR (SE)

On doute souvent de l'accord de son participe passé. Il s'accorde toujours: ils se sont *prévalus* de leurs droits. Elle s'est *prévalue* de son privilège.

173

PRÉVOIR

L'autre jour, je lisais dans le journal: Ce jour-là je prévoierai que...
Pourquoi ce *e* inutile au futur? Prévoir, au futur, fait tout simplement:
je prévoirai, tu prévoiras...
Éviter aussi avec ce verbe le pléonasme: prévoir d'avance. Quand on
prévoit c'est toujours d'avance.

PROMOUVOIR

L'autre jour encore je lisais: Il promouvoit ainsi la recherche scien-
tifique... Comme le verbe mouvoir, le verbe promouvoir fait au
présent de l'indicatif: je promeux, tu promeux, il promeut, nous pro-
mouvons...

PRONOMS et IMPÉRATIF

Dans la langue parlée attention à la place des pronoms à l'impératif
négatif:

ne pas dire	*dire*
prenez-en pas	n'en prenez pas
vas-y pas	n'y va pas (pas de *s* à va)
faites-les pas	ne les faites pas
donnes-y-en pas	ne lui en donne pas (pas de *s*)
donne-moi-z-en pas	ne m'en donne pas
dites-lui pas	ne lui dites pas
dites-le-nous pas	ne nous le dites pas

PRONOMS PERSONNELS

Bien souvent, en parlant ou en écrivant, surtout dans les comparaisons, on se sert d'un pronom personnel au lieu d'un pronom possessif
et alors on se retrouve en présence de phrases cocasses comme les
suivantes: J'ai les cheveux plus longs que toi (il faudrait dire: que les
tiens); Elle a un chapeau comme elle (comme le sien). Il a un gros
cochon comme vous (comme le vôtre). Elle a une robe pareille
comme toi (pareille à la tienne). J'ai une auto pareille à lui (pareille à
la sienne). Elle voulait un manteau pareil à sa soeur (pareil à celui de
sa soeur ou comme celui de sa soeur).

174

PRONOMINAUX (verbes) et ACCORD

Prenons le verbe *se dire*, qui est bien malmené tous les jours dans les journaux: ils se sont dit très heureux d'y être; ils se sont dits de beaux mots.

Il faut écrire: ils *se sont dits* très heureux d'y être (ils ont dit eux-mêmes très heureux. *Se* est le complément direct du verbe dire et il est avant le verbe. Donc, accord. Il faut écrire: ils *se sont dit* de beaux mots (ils ont dit de beaux mots (complément direct après) les uns aux autres).

D'autres exemples avec erreurs: Ils se sont payés une belle ballade en auto. Tout d'abord une telle balade s'écrit avec un seul *l*, car ballade avec 2 *l* est un poème, une poésie. Il aurait fallu écrire cette phrase comme suit: Ils *se sont payé* (invariable) une belle balade en auto. Ils ont payé quoi? une balade. À qui? à eux-mêmes.

Ils se sont assurés un certain gain. Il faut écrire: Ils *se sont assuré* (invariable) un certain gain, car le complément est *gain*; il est après et il est singulier. Donc pas de *s* à assuré.

Elle s'était frappée le nez sur une porte ouverte. Il faudrait écrire: Elle s'était frappé (invariable) le nez sur une porte ouverte.

Elles se sont parlées à maintes reprises. Il faudrait écrire: Elles se *sont parlé* (invariable) car elles ont parlé les unes aux autres.

PROTESTER

Protester n'est pas un verbe transitif et alors on ne peut pas écrire: Il a protesté ces décisions de l'arbitre, mais: Il a protesté *contre* les décisions de l'arbitre ou encore: Il *a contesté* les décisions. En droit, on peut dire: il a protesté ce protêt. Autrement on proteste contre.

PROVOCANT

Faut-il écrire *provocant* ou *provoquant*? Tout dépend. S'il s'agit de l'adjectif, c'est *provocant*: Voilà une décision bien provocante. S'il s'agit du verbe, de l'action, il faut *provoquant:* Ce n'est pas en les provoquant qu'on va les réconcilier.

PSYCHIATRE

Trop souvent on écrit ce mot avec un accent circonflexe. Il n'en a jamais. On écrit: un ou une *psychiatre* (sans accent). Il en va de même pour *psychiatrie* et *psychiatrique*.

PUITS

Le mot *puits* (se rappeler *puiser*) a toujours un *s* même au singulier.

PULLULER

Ce verbe signifie se multiplier, être en abondance. Alors il faut écrire: Les moustiques *pullulent dans* cet étang et non pas: Cet étang pullule de moustiques (ce serait incorrect et illogique).

QUALIFICATIONS

Ne pas dire: Il a toutes les qualifications requises pour cet emploi, mais: Il a toutes les *qualités*, les *compétences*, la *capacité*, la *formation* requis(e) (s) pour cet emploi.

QUANT À

Que d'erreurs avec ce *quant à*! On dit trop souvent: tant qu'à. Ne pas dire: tant qu'à moi, mais: *quant à moi, quant à lui*. Ne pas dire: tant qu'aux autres, mais *quant aux autres*. En un mot: remplacer *tant que* par *quant à*.

QUART

Quand on écrit: Il est absent les trois quarts du temps, on remarque qu'il n'y a pas de trait d'union à trois quarts.
On peut écrire: Il est quatre heures et quart ou 4 h 15 ou 16 h 15.
Si l'on peut écrire: il est 4 h 15, on ne peut pas l'écrire de cette façon dans la phrase suivante lue dans un journal: les entretiens ont duré 4 h 15. Il faut alors écrire quatre heures et quart.

QUATRE

Pourquoi rencontre-t-on si souvent quatre avec un *s* final? Inexplicable! Non seulement on écrit: quatres hommes, mais quand on écoute la radio on entend: quatres-*z*-hommes. Horrible!

QUATRE (les 4 saisons)

Il faut rappeler ici que le nom des 4 saisons est masculin. Souvent on les rencontre en compagnie de gentils adjectifs au féminin: une été très chaude, une automne plutôt pluvieuse, une hiver très froide. Autant d'erreurs impardonnables!

QUATRE-VINGT

Quatre-vingts dollars; quatre-vingt-quinze dollars; quatre-vingt mille dollars; quatre-vingts millions de dollars; page quatre-vingt; l'année mil huit cent quatre-vingt.

QUE et NE

On sait qu'on peut très bien remplacer l'adverbe *seulement* par *ne...que*, mais très souvent on oublie le *ne* et le *que* se retrouve seul et sans signification. On ne peut pas écrire: Les procédures en étaient qu'au stade préliminaire. Il faut écrire: Les procédures *n'en* étaient *qu'au*... Même chose pour la phrase suivante: Il est venu qu'une fois, alors qu'il faut écrire: Il *n'*est venu *qu'une* fois.

QUE ou AUQUEL

Que pour les verbes transitifs directs et *auquel* pour les verbes qui n'ont pas de complément d'objet direct. On agit souvent comme si *auquel* n'existait même pas. Voyez en effet les phrases suivantes:
les problèmes qu'on a à faire face de nos jours;
une question qu'on ne fait pas assez attention;
un congrès qu'ils n'avaient pu participer.

Il est clair qu'il aurait fallu écrire correctement:
les problèmes auxquels on a à faire face de nos jours;

une question à laquelle on ne fait pas assez attention;
un congrès auquel ils n'avaient pu participer.

Il n'y a pas de *que* possible après ou avant les verbes qui sont suivis de *à* (complément indirect) : faire face à, faire attention à, participer à.

QUE ou DONT

Il s'agit encore ici de deux pronoms relatifs qu'on emploie à tort et à travers, parce qu'on ne fait plus d'analyse et qu'on ne distingue plus les compléments directs des compléments indirects. Voici quelques phrases massacrées glanées dans les journaux encore, car je n'invente aucune de ces perles pas rares du tout. Il y en a à foison:
ce sont des choses qu'on va tenir compte;
comme un laurier qu'il aime s'affubler;
des livres que j'ai de besoin tous les jours;
des résultats qu'on pourra facilement se rendre compte;
les beaux vêtements neufs dont elle portait;
tu ne sais pas ce que je suis capable;
voilà l'arme que le bandit s'est servie.

J'en ai glané des centaines d'autres, mais voici la correction de celles-là:
ce sont des choses dont on va tenir compte;
comme un laurier dont il aime s'affubler;
des livres dont j'ai besoin tous les jours;
des résultats dont on pourra facilement se rendre compte;
les beaux vêtements neufs qu'elle portait;
tu ne sais pas ce dont je suis capable;
voilà l'arme dont le bandit s'est servi.

En voici une autre que je ne peux pas taire: une situation que j'aurais mauvaise grâce à rougir. Il faudrait écrire: une situation dont j'aurais mauvaise grâce de rougir.

En parlant du *dont* et du *que*, il est bon de rappeler qu'on n'écrit plus: C'est de lui dont je parle, mais plutôt: C'est de lui que je parle. On ne dit plus: C'est d'une telle maison dont elle sera dotée, mais: C'est d'une telle maison qu'elle sera dotée (pour éviter un *de* suivi d'un *dont*). Non pas: C'est de cela dont il s'agissait, mais: C'est de cela qu'il s'agissait.

QUELLE ou QU'ELLE

Très souvent on semble écrire avec les oreilles plutôt qu'avec la tête, comme c'est souvent le cas dans l'usage de *quelle* (adjectif interrogatif (quelle femme?) et *qu'elle* (*que* conjonction et *elle* pronom personnel sujet du verbe). Exemples: Ces informations sont vraies quelles proviennent d'ici ou d'ailleurs. Plus que n'importe qu'elle autre région du sud. Pour savoir qu'elles pourront être les retombées.

Il est clair pour quiconque connaît un tant soit peu sa grammaire qu'il y a là trois erreurs impardonnables. Il faut écrire: Ces informations sont vraies qu'elles proviennent d'ici ou d'ailleurs. Plus que n'importe quelle (adjectif) autre région du sud. Pour savoir quelles (adjectif se rapportant à retombées) pourront être les retombées.

Encore là, il y a manque d'observation et surtout d'analyse.

QUEL ou LEQUEL

Quel est un adjectif interrogatif tandis que *lequel* est un pronom interrogatif employé seul: *Quel* livre choisissez-vous? *Lequel* de ces livres choisissez-vous? Il y a donc erreur évidente dans la phrase qui suit: Pour savoir quelle de ces couleurs vous préférez. Il faut écrire: Pour savoir *laquelle* de ces couleurs vous préférez. Ne pas dire: n'importe quel de ces hôpitaux, mais: n'importe lequel de ces hôpitaux.

QUELQUE

Voilà un mot qui cause beaucoup de casse-tête. C'est d'abord un adjectif indéfini variable: Dis-moi *quelque* chose; *quelques* arpents de neige.
Souvent on l'emploie comme adverbe (invariable) pour signifier: environ, à peu près. Alors on le trouve devant un numéral et il est invariable (en tant qu'adverbe). Alors: *quelque* trois cents personnes; *quelque* trois mille dollars.

QUELQUE...QUE

Quelque, suivi d'un adjectif ou un adverbe et de *que* signifie *si,* a valeur adverbiale et il est invariable: *Quelque* forts qu'ils soient, ils ne me font pas peur. *Quelque* adroitement qu'ils s'y prennent, ils vont échouer. *Quelque* puissantes qu'elles puissent être, elles...

QUEL, QUELLE...QUE

Puis il y a aussi *quelque* écrit en deux mots: *quel que, quels que, quelle que, quelles que.* Exemples: *quel que* soit votre pays; *quelle que* soit votre intention; *quels* que soient vos voisins; quelles que soient vos amies; *quelles qu'elles* soient, je les accepte toutes.

QUELQUE CHOSE

Quelque chose signifiant *une chose* est masculin. On dira donc: quelque chose de beau, quelque chose d'important.
Il peut être féminin lorsqu'il signifie *quelle que soit la chose*: Quelque chose qu'il ait dite ; quelques choses qu'il ait vues.

QUELQUEFOIS

On peut aussi l'écrire en deux mots, lorsqu'il veut dire plusieurs fois: Elle chante *quelquefois* (parfois) ces chansons. Elle a chanté ces chansons *quelques fois* (plus d'une fois). *Quelquefois*, il s'arrête me saluer. Il est venu me voir *quelques fois*, disons deux ou trois.

QU'EST-CE QUE ou CE QUE

Qu'est-ce que s'emploie uniquement en tête d'une proposition inter-rogative directe: Qu'est-ce que tu as fait? Qu'est-ce que c'est? Qu'est-ce que la géologie? Parfois on l'emploie aussi pour indiquer une exclamation: Mon Dieu! qu'est-ce qu'on ne fait pas quand on aime vraiment!
L'erreur la plus commune est qu'on emploie aussi *qu'est-ce que* au lieu du simple *ce que* pour introduire une subordonnée interrogative indirecte. On dit alors: Je ne sais pas qu'est-ce qui lui a pris, tandis qu'il faudrait dire: Je ne sais pas ce qu'il lui a pris. On dit aussi: Vous savez qu'est-ce qu'il a décidé, au lieu de dire correctement: Vous savez ce qu'il a décidé. Un autre exemple boiteux: Je sais bien qu'est-ce qu'il a perdu hier, au lieu de dire correctement: Je sais bien ce qu'il a perdu.

QUESTION

À éviter cette expresison à saveur anglaise: comme question de fait, et dire tout simplement: *à vrai dire, à la vérité.*

Éviter aussi l'anglicisme *sans question* comme il est employé dans les deux exemples suivants: Il fallait sans question augmenter le fonds et c'était sans question la meilleure décision à prendre. Dire simplement: Il fallait *sans contredit, sans conteste, sans aucun doute,* augmenter les fonds et: C'était *sans contredit, sans aucun doute,* la meilleure décision à prendre.

On ne dit pas: demander une question, mais *poser* une question. On ne dit pas non plus: Cette question n'a pas été répondue, mais on n'a pas *répondu à* la question ou: Cette question *n'a pas eu de réponse.* Comme on dit *répondre à*, le participe passé n'a pas de valeur passive.

QUESTIONNER

Questionner signifie *poser des questions, demander, interroger, quelqu'un.* On questionne, on interroge un étudiant, un candidat, mais on ne peut pas questionner des choses. On ne peut pas dire ni écrire: ils ont questionné mes décisions; il faudrait questionner ces chiffres. On en est arrivé de nos jours à tout questionner. Ce n'est pas le verbe questionner qu'il faut alors employer, mais les verbes: *remettre en question, mettre en doute, scruter, examiner, discuter.* Il y a tant de beaux verbes français très appropriés et l'on va encore quêter et quémander outre-frontière!

QUESTIONNABLE

Dire qu'un rapport est plutôt *questionnable* est illogique, car on ne peut pas *questionner, interroger* un rapport. Il s'agit d'un raport *discutable, contestable, douteux, incertain, suspect.* Que de beaux mots bien français pour dire les choses! Alors ne pas écrire: Encore des décisions bien questionnables. C'est ridicule!

QUI ou QU'IL

Très souvent, on hésite entre *qui* et *qu'il* devant un verbe impersonnel. Avec les verbes: advenir, arriver et rester, le choix est libre: Voilà tout *ce qui* ou *ce qu'il* reste de ce château.

Avec les verbes: convenir, importer, prendre, résulter, se passer, on emploie plutôt *qui*: Réussir aux examens, voilà ce qui importe. Voici ce qui s'est passé hier soir. Voici ce qui en résultera.

Mais si le verbe impersonnel est suivi d'un complément, on devra employer *qu'il*: S'est-il enfui on non, voilà ce qu'il importe de savoir.

QUITTE ou QUITTES

Nous en fûmes quittes pour la peur (variable comme tout adjectif). Quitte à nous le faire reprocher, nous le répéterons (*quitte* signifiant ici *au risque de*, il est invariable).

QUOIQUE ou QUOI...QUE

Quoique en un mot est une conjonction qui signifie *bien que, même si*, et qui est toujours suivi du subjonctif (même si on l'oublie très souvent: Quoique vous fassiez de grands efforts, vous ne réussirez pas. Ici on pourrait très bien dire: Bien que vous fassiez ou même si vous faites de grands efforts, vous ne réussirez pas.

Quoi que, en deux mots signifie: *quelque chose que, n'importe quoi*: *Quoi que* vous fassiez, faites-le le mieux possible. Ne soyez surpris de rien, *quoi qu*'il arrive.

Alors ne jamais écrire: Quoi que je ne suis pas au courant. Il faut toujours le subjonctif. *Quoique* je ne sois pas au courant, ou même si je ne suis pas au courant.

QUOTA

Mot qui signifie quantité, contingent. Voici le nouveau quota ou les nouveaux quotas pour l'importation des chaussures.

QUOTE-PART

Voici ma quote-part (la portion, la part qui me revient). Évitez d'écrire comme on le voit souvent: ma cote-part. Au pluriel, on écrit *quotes-parts*.

R

RABATTRE ou REBATTRE

Trop souvent on confond ces deux verbes. Il ne faut pas me dire: Il me rabat continuellement les oreilles avec ses histoires plates, mais: Il me *rebat* (répète inutilement) les oreilles...
Rabattre voudrait dire: abaisser, comme si l'on disait: ce grand chapeau mexicain lui rabat un peu trop les oreilles.

RACOIN ou RECOIN

On ne devrait pas dire: J'ai regardé dans tous les racoins, mais dans tous les *recoins* de la maison. Le mot: racoin n'existe même pas, c'est une déformation de recoin, comme beaucoup d'autres mots malmenés, comme lorsqu'on dit: anvaler au lieu d'*avaler*, rempirer au lieu de *empirer*.

RADIO

Pourquoi est-on porté à masculiniser le mot radio qui est féminin quand on parle d'un poste? Pourquoi annoncer partout: Le Roi du radio? Pourquoi dire: J'ai déplacé mon radio? Voici mon beau radio neuf ? Il faudrait dire: Le roi *de la* radio. J'ai déplacé *ma radio* ou mon appareil de radio. Voici *ma belle radio neuve* ou mon bel appareil tout neuf de radio.

RAPPELER (SE)

Le verbe rappeler comme le verbe appeler est un verbe transitif direct. Il est donc incorrect de dire se rappeler de quelque chose, se rappeler de quelqu'un, même si on l'entend tous les jours et qu'on ne se rappelle pas du tout cette norme. Il est clair qu'on va continuer à entendre: je m'en rappelle, je me rappelle bien de lui, je me rappelle de tous les détails. Il faut dire: Je *me le rappelle*, je *me le rappelle* bien, je *me rappelle bien tous* les détails, ou encore se servir du verbe *se souvenir* et dire: je *m'en souviens*, je *me souviens* bien *de lui*, je *me souviens* bien *de tous* les détails.

RAPPORTER (SE)

On peut très bien dire: Tout cela se rapporte exactement aux décisions prises auparavant. Mais trop souvent on a recours à ce verbe pour traduire le verbe anglais: to report. C'est ainsi qu'on dit ou écrit incorrectement:

forme fautive	forme correcte
il se rapporte malade trop souvent	il se porte, il se dit, il se déclare
il a rapporté l'accident à la police	il a signalé l'accident à la police
je vais te rapporter au patron	je vais te dénoncer, déclarer au...
il s'est rapporté au gérant	il s'est présenté au gérant

RAVOIR ou RÉAVOIR

Il faut dire *ravoir* et jamais réavoir. Il a pu *ravoir* (récupérer) son bien, son avoir. Ne s'emploie qu'à l'infinitif.

REBOUTEUR ou RABOUTEUR

Il faut dire un rebouteur ou un rebouteux (une rebouteuse): quelqu'un qui reboute, replace les os, les remet bout à bout.

RÉALISER

On peut très bien réaliser un rêve, une ambition, un beau projet. Ici *réaliser* signifie *accomplir, atteindre*. Mais l'usage de ce verbe est encore discuté et discutable quand on s'en sert pour dire: *constater, se rendre compte*. Pourquoi dire: Je viens de réaliser que je me suis trompé? au lieu de dire en bon français: Je viens de constater, de me rendre compte que je me suis trompé. Pourquoi dire: Elle réalise qu'elle a fait trois fautes? plutôt que: Elle *s'aperçoit*, elle *constate*...

RECORD

Surtout dans le sport, le mot record est très employé: battre tous les records, établir un autre record, une assistance record. Mais c'est lorsqu'on le met à toutes les sauces, à l'anglaise, que le mot record vole la vedete à tant de beaux mots bien français. Voici quelques exemples qu'on rencontre tous les jours:

forme fautive	*forme correcte*
j'ai acheté deux autres records	deux autres microsillons (disques)
un criminel qui a un record bien chargé	un casier judiciaire
examine les records de la compagnie	les archives, les livres
as-tu bien examiné son record	son dossier

RECOUVRER ou RECOUVRIR

C'est une grosse erreur que de dire: il a recouvert la vue, il a recouvert une partie de ses biens. Il faut dire: il a *recouvré* la vue, il a *recouvré* une partie de ses biens. On peut donc recouvrir un livre, mais non pas recouvrir la santé, la vue, la raison. Alors il faut employer recouvrer, retrouver. Il a donc recouvré la santé.

RÉÉLIRE

Il faut écrire *réélire* et *réélu* et jamais en deux mots avec trait d'union. On ne devrait pas écrire dans les journaux: il a été ré-élu et on a dû en ré-élire un autre.

RÉFÉRER (SE)

On peut très bien se référer à l'avis de quelqu'un, à un livre de texte; on peut en référer (recourir) à son chef.

Mais ici comme ailleurs on tombe dans un nombre incalculable d'anglicismes qui mettent de côté tant de beaux verbes français très appropriés et bien précis:

forme fautive	forme correcte
il n'a pas voulu référer à son cas	faire allusion à son cas
cette lettre réfère au même accident	cette lettre se réfère au...
ces lignes réfèrent à tel dossier	ces lignes renvoient à
on va référer cette propositoin au comité	on va renvoyer, remettre...
il nous réfère souvent à son livre	il nous renvoie souvent à...
je vous réfère mon bon voisin	je vous adresse, envoie...
veuillez vous référer à ma lettre du...	veuillez vous reporter à
la question a été référée au tribunal	a été soumise, déférée...
il a référé votre lettre au secrétaire	il a transmis, confié...

RÉFLEXION ou RÉFLECTION

Le mot réflection n'existe pas en français. C'est de l'anglais pur sang. *Réflexion* s'écrit toujours *réflexion*, qu'il s'agisse de la lumière ou de la pensée. Alors comment peut-on écrire dans un journal: Donnez-moi un moment de réflection? Il faut vraiment être irréfléchi pour démontrer si peu de réflexion.

REGARDER

Le verbe regarder consiste à se servir de ses yeux et à porter la vue sur quelqu'un ou quelque chose. Mais encore ici, au Canada, on réussit à l'angliciser et à lui donner le sens de *paraître, être, sembler* quand on dit: la récolte regarde ben mal cette année (la récolte s'annonce, a l'air

192

bien mauvaise cette année). Le temps regarde mal ce soir (le temps s'annonce mauvais pour ce soir, ou: Il va faire mauvais temps ce soir). Mon voisin regarde bien mal depuis son opération (mon voisin *paraît, semble* malade, mal en point, a mauvaise mine depuis son opération). Évitons aussi l'anglicisme *regarder pour*: je regarde pour mon chapeau (je *cherche* mon chapeau, je regarde où est mon chapeau).

REGISTRE

On est porté à écrire: un régistre. Il ne faut pas d'accent aigu: un registre

RÉGNER

Le participe de *régner* est invariable dans une phrase comme: les 10 ans que ce monarque a régné (invariable: il a régné pendant 10 ans). Attention aux accents de ce verbe. Au présent: je règne, tu règnes, il règne, mais nous régnons, vous régnez. Attention surtout au futur et au conditionnel: je régnerai (on voit trop souvent: je règnerai), je régnerais. Il en est ainsi pour les verbes qui ont un accent aigu sur l'avant-dernière syllabe: révéler, répéter: je révélerai, je répéterai (jamais: je révèlerai, je préfèrerai).

RELATION (EN...AVEC)

Évitez de vous servir de *en relation avec* (pour traduire: in relation to), comme dans la phrase suivante: J'ai reçu des documents en relation avec toute cette affaire. Il y a tant de bonnes façons de dire la même chose en bon français: J'ai reçu des documents *au sujet de* toute cette affaire, *relativement à, à propos de, par rapport à* toute cette affaire.

REMÉDIER

Il s'agit du verbe *remédier à* qui n'a pas de complément direct. On ne peut donc pas écrire: Ce sont des inconvénients que nous pourrons facilement remédier ou encore: Cette situation pourra être facilement remédiée. Il faut écrire: Ce sont des inconvénients *auxquels* nous pourrons facilement remédier ou encore: On pourra facilement *remédier à* cette situation. Puisqu'il s'agit du verbe *remédier à*, son participe passé ne peut pas être employé à la forme passive.

REMERCIEMENT

On n'écrit plus *remerciment* ou *remercîment*, mais seulement *remerciement* avec un *e* intercalaire. Mille remerciements.

RENCONTRER

On abuse énormément du verbe rencontrer pour traduire directement le verbe *to meet* d'un usage très vaste en anglais. On peut rencontrer un ami, rencontrer bien du monde, rencontrer une équipe adverse. Mais quant à rencontrer ses dépenses, rencontrer des conditions, c'est plutôt rare et difficile.

forme fautive	*forme correcte*
rencontrer ses engagements	faire honneur à ses engagements
rencontrer les dépenses, une obligation	faire face à...
rencontrer les conditions de	souscrire aux, accepter, remplir...
rencontrer l'opposition de	se heurter à l'opposition de...
rencontrer l'approbation de	recevoir l'approbation de
rencontrer la date limite, l'échéance	respecter, observer, s'en tenir à...
rencontrer un besoin, une nécessité	répondre à, satisfaire à...
rencontrer ses objectifs	atteindre ses objectifs

REPÈRE ou REPAIRE

Ce sont deux homonymes souvent confondus. Quand il s'agit d'un lieu de retraite pour les animaux ou les bandits, c'est un *repaire*: Le renard est rentré dans son repaire. Quand il s'agit d'une marque pour se retrouver, alors on a un point de *repère*. Alors on n'écrira pas que: la tigresse est retournée dans son repère ou que: je me suis trouvé un autre point de repaire.

RÉPONDRE

Il faudrait éviter de dire ou d'écrire: C'est ainsi qu'il m'a répond. Le participe de répondre est uniquement: *répondu*: Il m'a répondu très poliment. Comme on dit *répondre à*, le participe passé n'entre pas dans une forme passive et il est très incorrect d'écrire: Ces lettres n'ont pas encore été répondues. Il faut dire: On n'a pas encore *répondu à* ces lettres ou bien: Ces lettres n'ont pas encore *reçu de réponse*.

Quant aux mots *carte-réponse, coupon-réponse, bulletin-réponse, enveloppe-réponse*, ils prennent le trait d'union et s'accordent au pluriel: *cartes-réponses*...

REPROCHER

Comme on reproche quelque chose à quelqu'un, il est très incorrect d'écrire comme suit: Ils ont été reprochés d'avoir parlé ainsi. Il faut écrire: On *leur a reproché* d'avoir parlé ainsi, ou: Ils ont *reçu des reproches* pour avoir parlé ainsi. Pas de forme passive avec les verbes suivi de *à:* reprocher à, répondre à, demander à...

REQUÉRIR

On ne peut pas écrire: Ils ont requéri l'aide du voisin, car le participe passé de requérir est uniquement *requis*, comme les autres verbes de la même famille: *acquis, conquis, enquis*.

Il est incorrect d'écrire: Cette société a été requise d'y participer, comme il serait aussi incorrect d'écrire: Cette société a été demandée d'y participer. Il faut alors dire: On *a requis*, on *a demandé* la participation de cette société, ou: On *a demandé à* cette société d'y participer.

RÉSERVE

Il a accepté sans réserve. Je vous le dis sous toute(s) réserve(s).

RÉSIDENT ou RÉSIDANT

Le nom, les personnes qui résident sont des résidents (un nom) et pour indiquer le fait, l'action de résider, on écrit: résidant (participe présent). Résidant dans cette localité depuis 10 ans, j'en suis un vrai résident. Hier encore dans le journal en parlant des résidents de Hull, on écrivait deux fois: les résidants. Incorrect!

RÉSOUDRE

Attention à sa conjugaison: je résous, tu résous, il résout (avec un t). Ce problème se *résout* en cinq minutes. Il *a résolu* de partir demain. Mais: Le gros brouillard s'est *résous* en pluie fine.

RESSORTIR

Ce verbe a deux ou trois significations et il alimente de nombreux barbarismes. Dans le sens de *sortir de nouveau, sortir peu après être entré, devenir plus apparent, résulter*, il se conjugue comme *sortir* avec l'auxiliaire *être*: il *est ressorti* deux heures plus tard; ils *ressortent* comme bon leur semble; il *est ressorti* peu de chose de ces nombreuses discussions. Mais dans le sens de *être du ressort de, de la compétence de, relever de*, il se conjugue comme *finir* avec l'auxiliaire *avoir*. Toutefois, il est alors transitif indirect et se construit avec *à*: Ces affaires *ressortissent à* au tribunal; cette oeuvre ressortit à la littérature populaire.

RESTER

Que penser de cette phrase du journal: Puis, ç'avait resté comme ça? Il faudrait écrire: Puis *c'était resté* comme ça. Pierre *est resté* trois jours à Québec et non pas: a resté. *Rester* requiert toujours l'auxiliaire *être*.

RÉUSSIR

Il faut écrire: J'ai réussi à tous mes examens et non: J'ai réussi tous mes examens. Il s'agit du verbe *réussir à* sans complément direct. Ne pas dire: il a bien réussi son français, mais: Il a bien réussi *en français* ou *à son examen* de français, ou encore: Il a été *reçu à* son examen de français. On ne réussit pas un examen comme on ne faillit pas un examen. (Voir à la lettre F: faillir.)

REVÊTIR

Il faut écrire: ils revêtiront et non revêteront leur toge pour la cérémonie.

RIRE

Grave erreur que d'écrire: elles se sont ries de moi. Il faut écrire: Elles se sont *ri* (toujous invariable) de moi. Il s'agit du verbe *rire de*; pas de complément direct, pas d'accord. Ne pas écrire: quoiqu'il rit (indicatif) de moi, mais: quoiqu'il *rie* (subjonctif) de moi.

RODER ou RÔDER

Que penser de cette phrase lue dans le journal: il faudra 2 ans avant que tout soit bien rôdé? Il fallait écrire: *rodé* et non rôdé. *Rôder* signifie errer, vagabonder, tandis que *roder* veut dire s'user, s'habituer, s'adapter. C'est un programme bien préparé, bien *rodé*. Le voleur avait *rôdé* toute la nuit dans les parages.

RONDE

Lorsqu'on dit: une table ronde, des tables rondes, remarquez qu'il n'y a pas de trait d'union.

ROUVRIR ou RÉOUVRIR.

On dit *rouvrir* et non réouvrir. Par conséquent on dit: *rouvert* et non réouvert. Mais il faut dire: réouverture.

ROYAUTÉS

On a encore là un anglicisme très fréquent: On lui donne 10 % de royautés sur son dernier livre. Le mot français est *droits d'auteur* ou encore *redevances*. Les *droits d'auteur* ne font pas vivre un écrivain au Canada.

S

SALLE

Attention à l'anglicisme: une salle à dîner. Il faut dire: une salle à manger (d'habitude on y prend plus que le dîner!). Il faut écrire: une salle de bains, de jeux, de conférences (avec s); une salle d'étude, de spectacle, de réception, de classe, de cinéma, d'opération, de billard (sans s).

SANS

Évitez un *ne* inutile après sans: elle passe la journée sans ne rien faire. Dites plutôt: *sans rien faire.*

SANS ou SENS

Attention à l'expression *sens dessus dessous* qu'on ne doit pas écrire: sans dessus-dessous. Il faut écrire: *sens* et sans trait d'union. Dans cette expression, on ne prononce pas le *s* final de *sens.*

SANS...QUE

Après la conjonctoin *sans...que* qui implique déjà une négation bien claire, il n'y a pas de *ne*. On en trouve malheureusement très souvent: Sans que la guerre ne puisse être évitée; sans que les deux policiers n'émettent une contravention; sans que ces conditions ne soient respectées; sans qu'il ne le sache. Ce sont là des *ne* complètement inutiles.

SATISFAIRE

Est-ce qu'il faut écrire: *satisfaire* tout court ou *satisfaire à*? Tous les deux: Il a pu satisfaire (contenter) ses créanciers. Cette décision ne le satisfait pas du tout (contente, plaît). Il a satisfait à ses engagements (remplir, s'acquitter de). Cette décision satisfait aux trois conditions requises (remplit).

S'ATTENDRE À

Un autre verbe pronominal assez souvent malmené. Comme le verbe est *s'attendre à quelque chose*, pourquoi transformer la préposition à en la préposition *en*? Pourquoi écrire: Je m'en attendais depuis longtemps? Il ne s'en attend pas du tout? Quand on ne s'en attend pas, c'est drôle? Il est clair qu'il faut écrire sans hésiter: Je *m'y* attendais depuis longtemps. Il ne *s'y* attend pas du tout. Quand on ne *s'y* attend pas, c'est drôle.

SE ou CE

Ici encore on écrit avec les oreilles et non la tête, et l'on ose écrire: Si cette vérification ne ce fait pas, c'est fini. Il est clair qu'il s'agit du verbe *se faire* et qu'il fait écrire: ne *se* fait pas.

SE et NOUS

Attention à l'accord des pronoms qui doit rester logique. Pourquoi écrire: Nous devions s'en aller vers le sud? Nous pourrons se reprendre avant longtemps? Nous avons décidé de s'y réunir une autre fois? Il serait si facile de bien agencer les deux pronoms: Nous devions *nous* en aller vers le sud. Nous pourrons *nous* reprendre avant longtemps. Nous avons décidé de *nous* y réunir une autre fois. Comme il est criant d'entendre ou de lire une phrase comme celle-ci: Nous devrions s'en contenter une bonne fois pour toutes, au lieu de dire: Nous devrions *nous* en...

SECONDER

Évitons un autre anglicisme très répandu dans les réunions: je seconde cette motion. En bon français, on ne seconde pas une motion, on *l'appuie. Seconder* signifie uniquement *aider* quelqu'un, *assister* quelqu'un. Ne pas dire non plus: La motion a été secondée par mon voisin, mais elle a été *appuyée* par mon voisin, ou mieux: Mon voisin a appuyé la motion.

SE FAIRE FORT DE

Est-ce que l'adjectif *fort* est ici variable? Non, dans cette expression il joue le rôle d'un adverbe: ils se *font fort* de pouvoir vous aider. Elle se *faisait toujours fort* d'en savoir tous les détails.

SEMBLER

Il semble que doit être suivi du subjonctif: Il semble que ce soit vrai. Il semble qu'elle se soit trompée. Il ne semble pas qu'il ait fait tout son possible. Mais on voit parfois apparaître l'indicatif, surtout après *il me semble que* et *il me semble bien que*. L'indicatif apporte alors une nuance au degré d'apparence, ce que le subjonctif ne fait pas: Il me semble qu'il a compris. Il semble bien que, dès lors, il a compris que sa chute était proche.

SÉNIORITÉ

Le mot anglais *seniority* a pu s'imposer et l'on en a oublié notre beau mot français: *ancienneté*. Il ne faut pas dire: on ne respecte pas la séniorité des employés, mais: l'*ancienneté* des employés. On y a ajouté la clause de l'*ancienneté*.

S'ENSUIVRE

Ce verbe s'emploie surtout à la troisième personne: il s'ensuit que, il s'ensuivra, jusqu'à ce que mort s'ensuive. Ne pas écrire: il s'en est ensuivi (*s'en ensuivre* est une forme vieillie), mais: il s'est ensuivi. *Il s'ensuivit que*, affirmatif, est suivi de l'indicatif; négatif ou interrogatif, il est suivi du subjonctif.

203

S'ENTRAIDER

S'entraider et *entraide* s'écrivent de nos jours sans apostrophe. On n'écrit plus: entr'aide et s'entr'aider.

SÉRICICULTURE

Quand on veut parler de l'élevage des vers à soie, on ne dit pas: la sériculture, mais la *sériciculture*.

SERVICE

Ne pas dire: C'est un instrument bien de service, mais *bien utile.* Ne pas dire: C'est une personne bien de service, mais *très serviable, très utile.* Ne pas dire: l'ascenseur est hors de service, mais simplement *hors d'usage.* Par contre, ne pas dire: ce policier est en devoir, mais est *de service, de quart, de garde, en faction.*

SIÈGE SOCIAL

Il faut dire: le *siège social* de la compagnie, le *bureau principal* de la compagnie et non: le bureau-chef, comme on entend trop souvent.

SIÉGER

Pourquoi dire et écrire: siéger sur un comité (to sit on a committee)? On peut très bien dire en bon français: *être membre* d'un comité, *siéger à* un comité, *faire partie* d'un comité, *participer aux travaux* d'un comité.

SINAÏ

Le mont Sinaï (Sina-i) doit rester le mont *Sinaï* et non devenir à l'américaine: le mont Sinai (sans tréma, se prononçant: Sinaille). Puisqu'il y a un tréma, on doit sentir le *i.*

SI et CONDITIONNEL

Le *si* indique bien une condition, mais le conditionnel est réservé à la proposition qui accompagne la principale. Il n'y a pas de conditionnel dans la phrase qui commence par *si*. On ne peut donc absolument pas écrire: Si je pourrais, je le ferais. Il faut dire: Je le ferais (conditionnel) *si je pouvais* (indicatif). Il est terrible d'entendre: Si je le saurais, je te le dirais. Il est si facile de dire: Si je le *savais* (indique la condition) et puis vient le conditionnel: je te le dirais. Ne pas dire: S'il les aurait compris, il l'aurait fait, mais: S'il *les avait compris*, il l'aurait fait.

Mais on peut aussi avoir le conditionnel dans la proposition commençant par *si*: Je me demande bien si je pourrais en faire autant. Dans ce dernier exemple, il s'agit toutefois d'une interrogation indirecte, soit une tournure différente de celles citées plus haut.

SI...QUE

Observez les constructions suivantes avec *si...que*: Si fort qu'il soit ou si fort soit-il, il va être battu. Si laide soit-elle ou si laide qu'elle soit, il l'adore quand même. Donc le subjonctif.

Quand on a une telle structure avec *si...que* et que le *que* remplace un second *si*, il faut l'indicatif avec le *si* et puis le subjonctif après le *que*. Exemple: Si vous lui téléphonez et qu'il ne soit pas chez lui, raccrochez tout simplement. Cette tournure a ses défenseurs mais selon plusieurs, l'emploi de l'indicatif dans les deux cas ne saurait être fautif puisque le *que* remplace le *si* et qu'il est par conséquent de même valeur (donc, est suivi de l'indicatif) : Si vous tentez de le convaincre et qu'il ne veut pas comprendre, laissez-le faire.

SOI-DISANT

Il a lu plusieurs de ces soi-disant romans. Il s'agit dans ce cas de femmes soi-disant très riches. Comme l'on voit, *soi-disant* doit rester invariable comme tous les participes présents. Il faut aussi se garder d'écrire soit-disant avec un *t* à soi. Il est donc incorrect d'écrire: Avec de soi-disantes attitudes. *Soi-disant* est toujours invariable.

SOI ou SOIT

Phrase lue avec horreur l'autre jour: Ce qui en soit était déjà affreux. Cette phrase est aussi affreuse! Pourquoi *soit* subjonctif du verbe être au lieu du pronom personnel *soi* ? Allez-y voir. Alors, dites: ce qui en *soi* était...

SOLDE

Il faut faire la différence ici entre *le solde* et *la solde*. *Le solde* est ce qui reste à payer d'un compte: Je vous paierai *le solde* demain. Au masculin toujours, *solde* signifie *marchandises qui se vendent au rabais*. Ne pas dire: Il y aura des soldes intéressantes en fin de semaine, mais des soldes *intéressants*... Au féminin, *solde* signifie *rémunération versée aux militaires*: Ils ont touché *une solde* substantielle. Quant à l'expression *à la solde de*, qui est surtout employée de façon péjorative, elle signifie *payé, acheté par quelqu'un*: On l'accusait d'être à la solde des gens en place.

SOUS

Il s'agit de la préposition *sous*. On abuse de cette préposition pour traduire directement *under*.

forme fautive	*forme correcte*
je suis sous l'impression que	j'ai l'impression que j'erre
le malade est encore sous observation	est en observation
ces projets sont sous examen	ces projets sont à l'examen
c'est un plan encore sous étude	encore à l'étude
ces questions sont sous discussion	sont en discussion
sous certaines circonstances	dans certaines circonstances
des patients sous traitement	en traitement
il fait 10 sous zéro	au-dessous de zéro

SOUVENIR (SE)

Comme on dit correctement *je me le rappelle* et non je me rappelle de lui ou je m'en rappelle, avec le verbe se souvenir, on dit: Je me souviens de cela, je m'en souviens (pour les choses), mais: je me souviens de lui, d'elle, d'eux. On ne peut pas dire: Je m'en souviens, pour indiquer une personne, car *en* est neutre. À l'impératif, il fait écrire: Souviens-t'en et souvenez-vous-en.

Au participe passé, *souvenu* est variable, car se souvenir est un verbe essentiellement pronominal. Il faut écrire: Ils se sont souvenus de leurs amis. Elle ne s'est pas souvenue de ces détails.

SPÉCIAL, SPÉCIAUX

Spécial est un adjectif et jamais un nom. On ne peut pas dire: un spécial, des spéciaux.

forme fautive	*forme correcte*
un spécial au restaurant	le (ou les) plats du jour
les spéciaux de la semaine	les aubaines, les soldes, les occasions
prix spécial	
des spéciaux	prix réduit, de faveur, de solde

SUBI, SUBITE

Subi, subie: participe passé du verbe *subir*. Ne pas dire: l'opération qu'elle avait subite la veille; après les outrages subits quelque temps auparavant, mais: l'opération qu'elle avait subie la veille; après les outrages subis. *Subit, subite*: adjectif. Une mort subite; un changement subit d'attitude.

SUBJONCTIF et VERBES IMPERSONNELS

Il est opportun de rappeler que la plupart des locutions impersonnelles sont suivies du subjonctif:
il est important que vous preniez une décision;
il est juste que vous lui donniez raison;
il est possible qu'ils ne puissent pas venir;
il est rare qu'il en soit ainsi;
il est nécessaire que nous le fassions quand même;
il est plus que juste qu'il ait sa part;
il sera utile que vous y soyez;
il est urgent que vous voyiez un médecin.

SUBJONCTIF et VERBES SENTIMENT

Voici une autre catégorie de verbes (et ils sont légion!) qui exigent le subjonctif. On l'oublie trop souvent:
je suis content que vous soyez venus;
il est heureux qu'elle ait réussi;
je regrette beaucoup qu'elle ne soit pas venue;
je suis surprise qu'il ait agi ainsi;
je doute fort qu'il puisse s'en tirer;
je crains qu'il n'en soit pas ainsi;
elle est déçue qu'il ne soit pas venu;
j'ai bien peur qu'ils ne puissent pas venir;
elle se plaint qu'en en soit venu là (je viens tout juste de lire: elle se plaint qu'on en est venu là). Ce rappel ne me semble donc pas inutile!

SUBJONCTIF en E

Il y a plusieurs verbes qui jouent des tours au subjonctif, car on oublie leur terminaison en *e*. En effet, il ne faut pas écrire: Il faut que je les vois demain matin, mais: il faut que je les *voie*... Non pas: il est possible qu'on les croit sur parole, mais: qu'on les *croie* sur parole. Non pas: Il exige que le CEGEP se voit accorder ces crédits, mais: Il exige que le CEGEP se *voie* accorder... Non pas: il faudrait qu'on le fuit comme la peste, mais: il faudrait qu'on le *fuie* comme la peste. Non pas: il est possible qu'elle meurt de cette blessure, mais: qu'elle *meure* de cette blessure. Non pas: il vaut alors mieux qu'on en rit, mais: qu'on en *rie*. Non pas: il est possible qu'il sursoit à cette décision, mais: il est possible qu'il *sursoie* à cette décision. Ce sont là des erreurs beaucoup trop fréquentes. On néglige la recherche et l'exactitude.

SUCCÉDER (SE)

Encore ici une erreur trop fréquente: l'accord du participe passé. Ne pas écrire: Les tornades se sont succédées sans interruption, mais: se sont *succédé* (on succède à quelqu'un, à quelque chose). Il faut écrire: les trois curés qui se sont *succédé* dans cette paroisse. Erreurs rencontrées dernièrement dans mes recherches: ceux qui s'y sont succédés (il ne faut pas de *s*). Il les a promis au professeur qu'il l'a succédé (c'est horrible!), il faut écrire: au professeur qui *lui a succédé*. Les averses se sont succédées toute la journée. Il faut écrire: se sont *succédé* toute la journée. C'est un participe passé toujours invariable. C'est une règle qu'on peut très bien apprendre et observer, il me semble!

SUITE À

L'expression *suite à* est réservée au style commercial. Au lieu de dire: Suite à votre lettre du 10, on dira: En réponse à votre... Au lieu de dire: Suite à notre entretien, suite à cet échec, on doit dire: À la suite de notre entretien, à la suite de cet échec.

SUPERLATIF + DE

Normalement après un superlatif relatif, il faut les prépositions *de, de la, du, des*: On va dire: la plus grande ville *du* Canada et non au Canada. C'est la fille la plus intelligente *de la* classe et non: dans la classe ou en classe. C'est le fleuve le plus long *du* monde et non pas: au monde. La ville la plus populeuse *de* France et non: en France.

SUPERLATIF et SUBJONCTIF

Après un superlatif relatif, y compris *le seul, le dernier*, généralement on met le subjonctif: Vous êtes le seul qui puissiez m'aider. Vous êtes le dernier *à qui* je fasse confiance. Voilà l'homme le plus courageux que *j'aie* connu. C'est le plus grand ténor qui *ait* jamais existé. C'est la douleur la plus poignante qu'elle *ait* jamais sentie. Il n'y a qu'une seule chose qui nous *permette* d'y arriver.

SUPPORTER

On connaît tous le verbe supporter dans le sens de: endurer, tolérer. On peut supporter une épreuve, une maladie, une personne énervante. Mais de là à écrire comme en 1967: Supportez l'Expo! il y a une marge un peu grande et l'on tombe dans un autre anglicisme (to support). On ne supporte pas une idée. Dans ces deux cas, il faut dire: *appuyer*. On ne supporte pas un candidat aux élections, on l'*appuie*, on le *favorise*, on l'*encourage*. L'anglicisme très fréquent: *supporter* devient vraiment insupportable!

SUPPOSITOIRE

Même si l'on entend très souvent: une suppositoire, ce mot est masculin et il faut donc dire: un suppositoire.

SUR

Cette préposition est d'un usage très fréquent, même trop fréquent, car souvent *sur* traduit directement l'anglais *on*:

forme fautive	*forme correcte*
sur sa propre initiative	de sa propre initiative
sur semaine il n'est pas là	en semaine...
il joue sur la rue	... dans la rue
je l'ai lu sur le journal	... dans le journal
il travaille sur la ferme	... à la ferme
il siège sur ce comité	... il est membre de ce comité
passer sur la lumière rouge	... passer au feu rouge, à un feu...
un accident arrivé sur l'ouvrage	... à l'ouvrage
j'ai mangé sur le train	... dans le train (c'est plus commode surtout en hiver!)
je l'ai rencontré sur le voyage	... en voyage, durant le voyage
ils vivent sur leur pension	... de leur pension
elle est toujours sur la ligne	... au téléphone, à l'appareil
permis accordé sur examen	... après examen
sur le troisième plancher	au troisième étage
elle a passé sur la TV	... à la télé

La langue devient surchargée de trop de *sur* usurpateurs!

SURABONDER

Il s'agit d'un verbe intransitif sans complément direct et alors pas de forme passive. Cependant je lisais pas plus tard qu'hier: Le marché est vraiment surabondé de produits étrangers. Écrire tout simplement: Le marché surabonde de produits étrangers, et tout le monde comprend et il y a moins d'oreilles écorchées!

SURSEOIR

Ne pas écrire: afin qu'il surseoit à cette décision, mais: afin qu'il sursoie (subjonctif) à cette décision.

SURVENIR

Ne pas écrire: tout cela a survenu en même temps, mais: tout cela *est*
survenu en même temps. Comme *venir,* il se conjugue avec *être.*

SURVIVRE ou SURVIVRE À

Il s'agit du verbe *survivre à* et alors pourquoi écrire: Il lui faudra survivre la mise en scène de sa dernière pièce? Il faut écrire: *survivre à* la
mise en scène... On ne peut pas écrire non plus à la forme passive: Il
est survécu par son épouse; c'est de l'anglais littéral (he is survived by
his wife!). Dire: Son épouse lui survit.

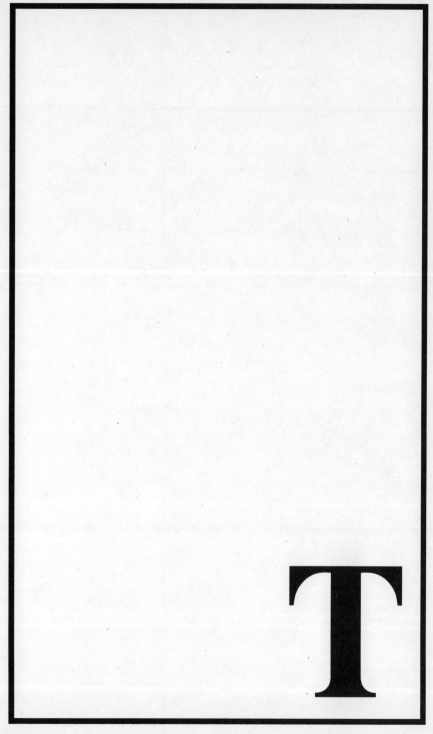

T

TABLE RONDE

Voici un terme très employé de nos jours. Il faudrait remarquer toutefois qu'il n'y a pas de trait d'union. On est porté à écrire: des tables-rondes. Il faut écrire: une table ronde, des tables rondes.

TAIRE (SE)

Attention au participe passé de ce verbe. Voici deux exemples: Elles *se sont tues* en les voyant (elles ont tu elles-mêmes, elles ont fait silence). Elles *se sont tu* bien des choses dans cet entretien (invariable ici car elles ont tu bien des choses à elles-mêmes). Voyez l'importance de faire l'analyse pour déterminer l'accord du verbe.

TANT QUE

Tant que est une conjonction qui signifie *aussi longtemps que* et qui est suivie du futur: On vous en donnera tant qu'il *y en aura*. Je ne lui parlerai plus, tant qu'il ne m'*aura pas fait* des excuses. Alors pourquoi un subjonctif inutile dans cette phrase lue dans le journal: Tant que le ministère n'ait décidé de son sort, on va attendre pour régler son cas? Il fallait écrire correctement: Tant que le ministère n'aura pas décidé de son sort...

TAPIS MUR À MUR

Pourquoi copier l'anglais (wall to wall carpet) et dire: tapis mur à mur? alors que le français a un beau mot moderne: une *moquette*.

215

TEL QUEL ou TEL QUE

Attention de ne pas transformer *quel* en *que* dans certaines phrases. Ne pas dire: Voici votre beau livre neuf, je vous le rends tel que. Il faut dire: *tel quel*. Je lui avait prêté deux chaises, il me les rend *telles quelles* et non telles que. Laissez-les là *tels quels*.

TEL QUE

Quand on introduit un exemple par *tel...que*, celui-ci s'accorde avec le nom qui précède: Je vous parlerai de certains arbres *tels que* les pins, les cèdres, les bouleaux... Il a appris plusieurs langues *telles que* l'italien, l'allemand et le chinois. Mais lorsque *tel* n'est pas suivi de *que*, il y a hésitation. Dira-t-on: des associations telles celle des Acadiens ou *telle* celle des Acadiens? Ils avançaient *tels* des fourmis ou *telles* des fourmis? Les deux sont employées, selon que l'on fait l'accord avec le nom qui précède ou qui suit. Néanmoins, il semble plus juste d'opter pour l'accord avec le mot qui suit. On dira donc: *telle* celle des Acadiens; *telles* des fourmis.

Pour ce qui est de l'expression *comme tel, tel* s'accorde avec le complément dont il est l'attribut: Cette rue n'est pas belle, mais plusieurs la considèrent comme *telle*. On devrait faire de même avec l'expression *en tant que tel*.

Enfin, il faudrait songer à ne pas employer *tel que* dans certaines situations où l'on fait suivre *tel que* d'un participe passé seul, ou encore lorsque *tel* ne renvoie strictement à rien. On dira donc: La réunion aura lieu le printemps prochain *comme prévu* (et non, tel que prévu). *Comme vous me l'avez suggéré* (et non, tel que suggéré), j'ai refait le rapport.

TÉMOIN

Attention au mot *témoin* dont l'usage est un peu capricieux: Cette affaire s'est passée sous les yeux de *témoins*. *Témoin* reste invariable dans *prendre à témoin* et quand il précède le nom désignant la personne ou la chose qu'on prend à témoin: Il a très mal travaillé, *témoin* les nombreuses erreurs qu'il a faites. Je les ai tous *pris à témoin*, mais: Je les ai tous pris pour (comme) *témoins*.

TEMPÉRATURE

On peut fort bien dire: La température s'est radoucie, ou encore: La température de cette eau est à 12° C. On peut même dire: Il a (fait) de la température (de la fièvre). Mais on ne dit pas: Nous avons une belle température, une mauvaise température, une température de chien. Le mot température exprime tout simplement le degré de chaleur ou de froid. Il faut donc dire: Nous avons *du beau temps; il fait beau*; nous avons *du mauvais temps*; il fait un *temps de chien*. On ne dira pas: Quelle température fait-il? mais: Quel *temps* fait-il?

En parlant de *temps*, on entend de plus en plus l'expression *par les temps qui courent*. Cette expression familière signifie: les choses de ce temps étant ce qu'elles sont. Or, c'est *par le temps qui court* qu'il faut dire et écrire, comme on dit: être de *son* temps (l'idée ne viendrait à personne de dire: être de ses temps).

TEMPS MATÉRIEL

Pourquoi dire: Je n'en ai pas le temps matériel, alors que le temps est une chose, une notion des plus immatérielle? Disons simplement: Je n'ai pas le temps nécessaire, le temps requis. L'expression *le temps matériel* est un non-sens.

TENTATIVE

Encore un anglicisme moderne un peu osé. Ne pas dire: on va fixer une date tentative, mais une date d'essai, une date expérimentale, une date possible. En français, on a le vrai mot tentative, mais c'est un nom qui signifie un essai; une tentative de réconciliation. C'est un *nom* et non un adjectif.

TENIR LA LIGNE

On peut très bien tenir une ligne de pêche, mais quant à une ligne au téléphone, c'est assez original et cependant on entend: tenez la ligne, gardez la ligne pour dire: *rester à l'appareil, ni quittez pas, restez à l'écoute, attendez.*

TENIR POUR ACQUIS

Rappelons-nous que *tenir pour acquis* est préférable à l'anglicisme: prendre pour acquis.

TÊTE-À-TÊTE

Tête à tête, locution adverbiale, s'écrit sans trait d'union et est, bien sûr, invariable: Discuter *tête à tête* avec quelqu'un. *Tête-à-tête*, nom, s'écrit avec deux traits d'union; il est également invariable: Récemment ils ont eu des *tête-à-tête* encourageants. Cette distinction entre le nom et la locution adverbiale n'est pas suivie par tous. Elle permet néanmoins de savoir si l'on est devant un nom ou un adverbe.

TIRER PARTI

Attention de ne pas écrire: tirer partie de quelque chose. Ne pas écrire: Ils ont su tirer partie de ces aubaines, mais: Ils ont su tirer *parti*...

TOUT, TOUTE, TOUS

C'est un tout petit mot qui crée beaucoup de problèmes. Quand *tout* précède un adjectif au féminin il est invariable, si cet adjectif commence par une voyelle ou *h* muet: Elle est revenue à la course, *tout* essouflée. Elle était *tout* heureuse de son succès. Mais il varie si l'adjectif commence par une consonne ou *h* aspiré. Elle était *toute* pâle et toute honteuse. Voici un premier cas assez facile à régler.
Quand *tout* signifie *tout à fait*, il est adverbe et devant un adjectif il est invariable: Ils sont partis *tout* contents. Des enfants *tout* petits. Ils étaient *tout* penauds. Ne pas écrire: les tous premiers jours, mais les tout premiers jours. Lorsque *tout* modifie un nom, il reste invariable: Ils étaient *tout* yeux, *tout* oreilles. Elles étaient tout feu, tout flamme. Quand à *tout autre* voici deux cas: Parlez-moi de *toute autre chose* (de chose autre que celle dont vous me parlez). C'est *tout autre chose* alors (une chose complètement autre, invariable).

Tout entier fait au féminin *tout entière*. *Tout* reste invariable devant entière, car il est adverbe. Cette femme est *tout entière* à ce qu'elle fait.

Tout en (à, de, entre) accompagnant un nom au pluriel reste invariable: Des tissus *tout* en laine, *tout* en soie. Mais, pour exprimer une nuance précise, on mettra le pluriel: Elles étaient *toutes* en noir (elles étaient toutes, sans exception, en noir); elles étaient *tout* en noir (elles étaient vêtues tout de noir).

Il y a *toute sorte* de monde (toute sorte au singulier). Ici on vend *toutes sortes* d'articles de sport (toutes sortes au pluriel).

Après *tout le monde* normalement le verbe reste au singulier: Tout le monde le sait. Tout le monde a bien compris. Mais on entend ou lit très souvent: Tout le monde me connaissent. Tout le monde le savent déjà. Le verbe doit se mettre au singulier. Tout le monde est assez fin pour comprendre cela.

On est souvent porté à mettre deux traits d'union à ce mot. On ne doit jamais écrire: tout-à-fait, mais toujours: *tout à fait.*

TRANQUILLITÉ

Comme on écrit *tranquille*, on devrait aussi écrire: la *tranquillité.* Pourquoi y met-on souvent un seul *l* tranquilité? Peut-être à cause ici encore de l'influence de l'anglais: tranquility. Il faut donc deux *l* en français, alors on est plus tranquille! Tous les dérivés de tranquille ont deux *l*: *tranquillisant, tranquilliser.*

TRÉMA

Attention de ne pas laisser tomber le tréma, car toute la prononciation du mot en subit les conséquences: Pourquoi écrire depuis quelques années: Sinai au lieu de Sinaï (depuis le temps de Moïse), Saul au lieu de Saül? Quant à aigu, ambigu, exigu, contigu le féminin est aiguë, ambiguë, exiguë, contiguë avec un tréma sur le *e* et non sur le *u.*

TROP-PLEIN

Il faudrait enlever le trop-plein. Ne pas oublier le trait d'union quand il s'agit du nom. Pluriel: des *trop-pleins.*

TROUBLE

En français le mot *trouble* signifie surtout une agitation, une émeute, le désordre, l'inquiétude.

Au Canada, on y ajoute beaucoup d'autres significations qui constituent des anglicismes inutiles, car on a tous les mots nécessaires pour bien s'exprimer:

forme fautive	*forme correcte*
cette visite, c'est bien du trouble	bien du dérangement
elle se donne beaucoup de trouble	beaucoup de peine, de mal
c'est trop de trouble	c'est trop de travail
ça nous a causé bien du trouble	bien des ennuis, des tracas
tout ça, c'est pas mes troubles	ce n'est pas mon problème
c'est tout un paquet de troubles	beaucoup de tracas, d'ennuis
il y a un trouble dans la transmission	une défectuosité
arrange-toi avec tes troubles	avec tes problèmes, tes difficultés

Il y a tant de beaux mots bien appropriés en bon français; servons-nous-en en temps et lieu. Alors nous aurons moins de problèmes (pas des troubles!) avec notre français déjà si difficile.

TROUVER QUE

Avec *trouver que* à la forme affirmative on a l'indicatif: Je trouve qu'il est bien débrouillard.

Avec *trouver que* à la forme négative et interrogative, on a le subjonctif: Trouves-tu que ce soit si urgent? Je ne trouve pas que cela puisse nous nuire.

Avec *trouver bon que, trouver naturel que*, etc., on a toujours le subjonctif: Elle trouve tout naturel qu'il ne soit pas content. Je trouve assez étrange qu'on m'ait ainsi abandonné. Je trouve bon que vous alliez le voir. Je trouve un peu curieux qu'elle n'ait pas répondu.

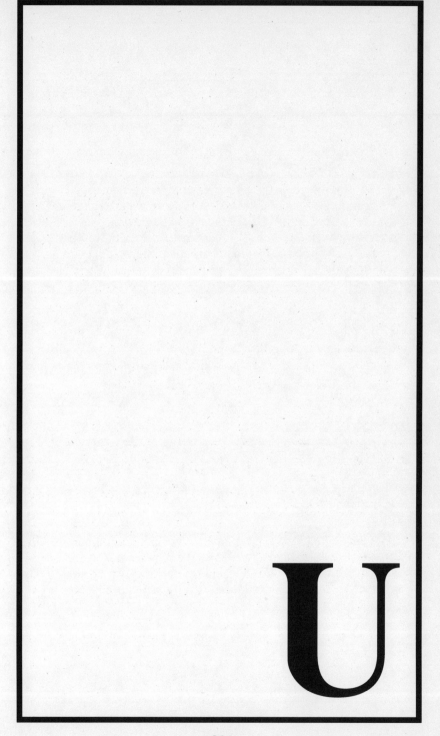

U

ULCÈRE

Le mot *ulcère* est masculin. On doit dire *un* ulcère même si l'on entend trop souvent: une ulcère, une ulcère saignante.

UN D'EUX

Ne jamais écrire: un d'eux, un de vous, un deux, mais toujours *l'un* d'eux, *l'un* de vous, l'*un* d'entre eux...

UN ou UNE

On doit dire: Va voir à la page *un* du journal (et non: à la page une). On étudie la strophe vingt et un (jamais vingt et une) de ce poème. Certains petits détails avec *un*:
Trois *un* (invariable) de suite font 111.
Pas une maison sur dix qui *ait* l'eau courange (aucune n'a l'eau...).
Pas une maison sur dix qui *n'ait* l'eau courange (toutes ont l'eau).
Plus d'un participant était satisfait (participant au singulier).
Pas un (seul) qui *ne le sache* (subjonctif), à moins de dire: il n'y en a pas un seul ici qui le sait (bien positif).

USER

User en français signifie le consommer, détériorer, abîmer, mais on lui donne souvent un sage anglicisant. Ne pas dire: Usez les pages jaunes, mais *servez-vous* des pages jaunes, *recourez aux* pages jaunes. Ne pas dire: les policiers ont usé la violence, mais *ont usé de* violence, de trop de violence. Ne pas dire: un comptoir de livres usés, mais de livres usagés, d'occasion.

UTILISER ou EMPLOYER

Utiliser va plus loin qu'employer, il signifie *employer utilement*: *Utilisez* vos temps livres. Vous devrez *utiliser* tous les matériaux qui restent.

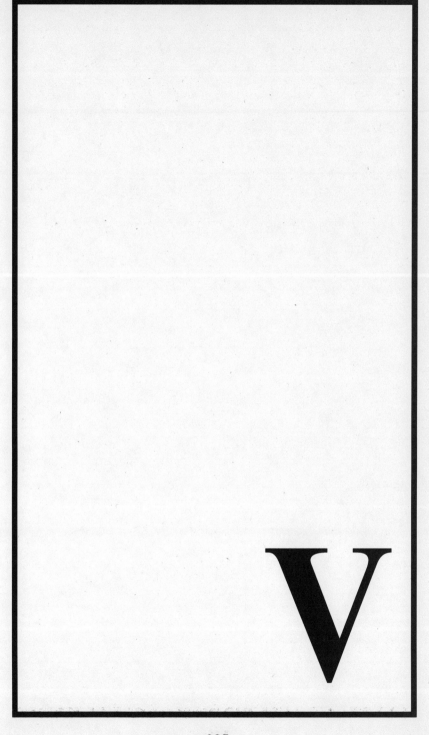

V

VACANCE ou VACANCES

Quand on parle de ses vacances annuelles (congé), le mot *vacance* est toujours au pluriel et alors on ne peut pas dire: J'ai eu une longue et belle vacance. Ma vacance est déjà finie. Il est parti en vacance. Dans ces cas, on écrit toujours: *vacances*. Le mot *vacance* au singulier signifie: *place libre, poste vacant.* Il y a une vacance au Sénat. En passant, on ne dira pas: un lot vacant, mais: un *terrain vague.*

VALISE

Ne pas confondre une *valise* avec une *malle.* Une *malle* est beaucoup plus grosse qu'une simple valise. De nos jours on voyage surtout avec des valises et non des malles. Appelons les choses par leur nom. Je prends deux *valises* pour ce voyage et je garde les *malles* pour les grands déménagements.
Ne disons pas: Va voir dans la valise de l'auto, mais: dans le coffre, la malle. D'ailleurs, on met généralement les valises dans le coffre (ou la malle) arrière de l'auto. On ne met pas les valises dans la valise de l'auto.

VALOIR

Attention au subjonctif de ce verbe irrégulier. Ne pas écrire: Je ne crois pas que ça vale autant, mais: que ça *vaille* autant.
Attention aussi à *valoir* dans: Cet homme vaut au moins deux millions. Il ne vaut pas 2 millions, mais: il *a*, il *possède*, il *dispose* de deux millions. Ces derniers termes sont plus appropriés.
Attention aussi au participe passé du verbe valoir: Voilà tous les reproches que m'a *valus* mon incartade (ici il y a accord). Mais: On est loin des trois cents dollars que cet objet a *valu* avant la guerre (ici

invariable quand il s'agit d'une valeur, d'une somme d'argent). Même chose avec le verbe *coûter*. On n'écrira pas: les dix mille dollars que m'a coûtés ma dernière auto, mais: que m'a *coûté* (invariable) ma dernière auto.

Autre erreur dans le journal d'hier: Ils se sont valus de nombreux applaudissements. Il fallait écrire: ils se sont valu (invariable) et même alors il aurait fallu changer le verbe et dire: ils *ont mérité*, ils ont *reçu* de nombreux applaudissements.

VÉCU

Encore un problème avec le participe passé, un peu comme le verbe valoir. On n'écrit pas: les 90 ans que cet homme a vécus, mais *vécu* (invariable), car il n'a pas vécu les 90 ans, mais pendant 90 ans; le *que* n'est pas complément d'objet direct, mais complément circonstanciel de temps. Mais il faut écrire: les moments difficiles que nous avons tous *vécus*.

VERBES (DEUX) et UN COMPLÉMENT

Il y a une erreur très fréquente qui se produit quand on emploie deux verbes et un seul complément, surtout quand les deux verbes ont deux structures différentes, l'un transitif et l'autre intransitif. Voici de nombreux exemples, car cette erreur est très fréquente:

Il les a félicitées et souhaité bonne chance. C'est là une phrase boiteuse, car il y a deux verbes (*félicitées* avec le complément direct *les* et (*souhaité* avec le même complément *les* (direct), tandis qu'on dit *souhaiter à* (donc complément indirect). Il faurait fallu écrire: Il *les a félicitées* (accord) et *leur a souhaité* (invariable) bonne chance.

Ils l'ont aperçu et commandé de s'en aller. Même chose: deux verbes et un seul complément *l*. Il fallait écrire: Ils *l'ont aperçu* et *lui ont commandé* de s'en aller. Impossible d'avoir un seul complément direct (*l'*) pour deux verbes dont l'un veut un complément direct et l'autre un complément indirect.

Ne jamais voir ou se mêler à d'autres gens. Il fallait écrire: Ne jamais *voir de gens* ou ne jamais *se mêler à* eux. Comme les deux compléments requis sont différents, il en faut deux bien exprimés.

Ils ont contribué et favorisé cette évolution. On contribue *à* quelque chose et l'on favorise quelque chose. Encore ici il n'y a qu'un seul complément direct (cette évolution) pour les deux verbes dont l'un requiert un complément indirect et l'autre un complément direct. Il fallait écrire: Ils *ont contribué à cette* évolution qu'ils ont toujours *favorisée*.

Ils ont demandé et obtenu du gouvernement un autre amendement. On demande *à* quelqu'un et l'on obtient *de* quelqu'un. Ici encore il n'y a qu'un seul complément (du gouvernement), alors qu'il en fallait deux: Ils *ont demandé un* autre amendement au gouvernement et *l'ont obtenu*.

Allons rejoindre et dîner avec nos amis. Deux verbes et un seul complément (avec nos amis). Il fallait écrire correctement: *Allons rejoindre* nos amis et *dîner avec eux*.

Afin de poser et répondre à certaines questions. On *pose des* questions (objet direct) et l'on *répond à* des questions (complément indirect). Alors il fallait écrire correctement: Afin de poser des questions et puis y répondre (pour ensuite y répondre).

VERBES avec ÊTRE

Sont conjugués avec l'auxiliaire *être* tous les verbes à la forme passive: Elles *ont été blâmées* pour avoir dit cela.

Une dizaine de verbes intransitifs, la plupart de mouvement: ils *sont revenus*, elles *sont montées*, ils *sont descendus*, elles *sont tombées*. On ne devrait jamais entendre: il a parti, elle a venu, il a retourné.

Puis les verbes pronominaux (avec 2 pronoms) aux temps composés: Il *s'était agi* de vous, et non: Il s'avait agi de vous. Ne pas dire: Je ne m'en avais pas aperçu, mais: Je *ne m'en étais pas aperçu*. Ne pas dire: ils s'avaient trompé, mais: ils *s'étaient* trompés.

Puis, tout en parlant des verbes pronominaux, il faudrait rappeler l'accord ou non de leur participe passé. Voici quelques exemples d'erreurs impardonnables:

Elles s'étaient bien promises d'y retourner. Il fallait écrire: *promis* car on dit: promettre à. Le complément *s'* est donc complément indirect: elles avaient promis à elles-mêmes d'y retourner. Alors *promis* est invariable. Il faut faire l'analyse du verbe; c'est indispensable.

Ne pas écrire: Ces cours se sont révélé une excellente initiative, mais: se sont *révélés* (accord: ces cours ont révélé eux mêmes (se) être une excellente initiative.

Elles se sont *rencontrées* (rencontrer quelqu'un); elles ne se sont pas *parlé* (parler à quelqu'un); elles se sont *insultées* (on insulte quelqu'un); elles se sont *souri* (on sourit à quelqu'un); elles se sont saluées (on salue quelqu'un). Voilà la nécessité de l'analyse. Tout dépend du verbe et de sa construction.

Puis il y a le groupe des verbes essentiellement pronominaux (toujours et uniquement à la forme pronominale (avec 2 pronoms) : *se souvenir, s'absenter, se soucier, se préoccuper, s'abstenir, se repentir, s'emparer, s'exclamer, s'infiltrer, se moquer, se réfugier* (sauf s'arroger), etc. Leur participe passé est toujours variable: Elles se sont *souvenues* de ces beaux jours. Ils se sont *préoccupés* d'y revenir. Ils s'étaient *emparés* de tout le butin. Elles s'étaient infiltrées dans nos rangs. Attention cependant au verbe s'arroger: Les droits qu'ils se sont *arrogés*, mais ils se sont *arrogé* trop de droits.

VERGLAS

On écrit verglas avec un *s* final, mais il faut écrire: une piste verglacée (avec un *c*).

VERSATILE

Versatile en français signifie inconstant, très changeant: L'opinion publique est très versatile; il a un caractère plutôt versatile. Malheureusement on lui donne trop souvent une signification propre à l'anglais et l'on insulte les intéressés sans le savoir. On ne doit pas dire: C'est un artiste très versatile (inconstant) quand on veut dire: C'est un artiste *aux talents les plus variés*. On ne dira pas: Voilà un instrument très versatile, quand on veut dire: C'est un instrument très *souple, universel, qu'on peut adapter à tout*.

N'abusons donc pas du mot *versatile*, qui signifie uniquement inconstant, changeant, lunatique. Je lisais l'autre jour dans un journal: On y trouve des aliments très versatiles! On voulait dire: *très variés*.

VICE-

Attention à cette particule invariable qui précède souvent un nom. *Vice* signifie alors *à la place de.* Il faut toujours un trait d'union et *vice* reste au singulier: un vice-recteur, des *vice-recteurs*; un vice-amiral, des *vice-amiraux.*

VIRAGE EN U

No U turn! Pourquoi traduire par *pas de virage en U* ? alors qu'il suffit de dire en bon français: *demi-tour interdit* ou *pas de demi-tour.*

VIRGULE

Attention aux virgules inutiles dans les lettres. Ne pas écrire: le 3 octobre, 1933 ou le 10 novembre, 1988. Pas de virgule possible, même si l'on écrit en anglais: October 4, 1988.

VIS

On écrit simplement: une *vis* et non: une visse. On est porté parfois à écrire: visse, à cause du verbe visser avec deux *s.* Il faut serrer la vis.

VIS-À-VIS

Vis-à-vis veut deux traits d'union et la préposition *de*: Il est assis vis-à-vis *de* moi et non: vis-à-vis moi. Vis-à-vis *de* l'église, vis-à-vis *de* de ses amis...

VITRE ou VERRE

Il ne faut pas dire: Il a un oeil de vitre, mais: un *oeil de verre.* Au lieu de dire: du papier sablé, on devrait dire: du *papier de verre.*

VIVE ou VIVENT

On peut employer tous les deux: Vive les vacances ou Vivent les vacances! Vive les arts ou Vivent les arts! Mais on tend de plus en plus à l'invariabilité.

VOIR

Verbe très employé qu'on estropie parfois sans raison. On entend parfois: alors vous verreriez. Pourquoi verreriez au conditionnel, alors qu'il suffit de dire: alors vous *verriez* (je *verrais*). Attention au subjonctif présent. Ne pas écrire: Il faut que je les vois demain. Il faut écrire: Il faut que je les *voie* demain. Au passé défini: il *vit* , (sans accent circonflexe), mais à l'imparfait du subjonctif: afin qu'il me *vît* (accent).

VOLTE-FACE

C'est un nom composé féminin et invariable: une volte-face; des volte-face.

VOTE

L'expression prendre le vote est à proscrire. Il faut dire: *voter, passer au vote, procéder au scrutin, mettre aux voix.*

VOULOIR

Attention au subjonctif. J'entendais l'autre jour: que je le veule ou non. Il faut dire: que je le *veuille* ou non.

VOÛTE

On dit bien: la voûte céleste, mais très souvent on se sert de ce mot pour traduire l'anglais: the vault. On ne devrait pas dire: la voûte de ma banque, mais la *chambre forte.*

VOYAGEMENT

On entend très souvent des mots nouveaux inventés par ceux qui veulent voiler la pauvreté de leur vocabulaire. Depuis quelque temps, on entend: beaucoup de voyageage, beaucoup de voyagement. Il suffit de dire: beaucoup de *voyages*, beaucoup de *déplacement*s.

L'autre jour, je lisais: Vue sa grande compétence. *Vu* placé devant un nom ou un pronom est considéré comme une préposition et reste invariable (toujours) : *vu* les circonstances, *vu* ses grandes possibilités. Très belle expression à employer: *au vu et au su* de tout le monde.

Vu (participe)
Voici quelques exemples: Je les ai *vus* bâtir cette maison (j'ai vu eux qui bâtissaient cette maison: accord avec *les*). La maison que j'ai *vu* bâtir (vu invariable, car j'ai vu bâtir la maison, je n'ai pas vu la maison qui bâtissait, mais elle était bâtie). Ils se sont *vus* obligés de réparer les dégâts (ils ont vu eux-mêmes être obligés de réparer). Ils se sont *vu* condamner à dix ans de pénitencier. Elle s'est *vu* confier une autre tâche. Elle s'est *vu* refuser un autre permis. Elle s'est *vu* remettre un beau trophée.

Y

Usage fréquent de *y* soit comme adverbe, soit comme pronom: *J'y* vais demain; je *m'y* entends très bien dans ce domaine; il *s'y* fait peu à peu.

Je me fie beaucoup à ce produit ou je *m'y* fie. Je me fie beaucoup à ce bon voisin ou je me fie beaucoup à lui (*y* est seulement pour les choses). *J'y* pense (je pense à cela), mais: Je pense à lui. Je *n'y* crois pas. Je ne crois pas à lui. Ne pas écrire: un bon remplaçant pour l'y succéder, mais pour *lui* succéder.

Y AVOIR

Attention au verbe impersonnel *y avoir*, car le participe passé est invariable: Tous les dégâts qu'*il y a eu* la semaine passée. Mais avec le seul verbe *avoir* il faut l'accord: Tous les dégâts qu'ils ont *eus* ont été payés.

Y et OÙ

J'*y* habite depuis longtemps. Ne jamais écrire: Voilà la maison où j'y habite, mais: voilà la maison *où* j'habite. Évitez le pléonasme.

237

CORRIGEONS NOS FAUTES DE FRANÇAIS LES PLUS FRÉQUENTES

À la fin de ce travail de recherche et de compilation, je désire vous apporter une preuve bien évidente que ce dépistage des erreurs les plus communes, les plus provocantes et les plus illogiques, qui déparent beaucoup d'écrits, est plutôt opportun, voire nécessaire.

Cette preuve, vous l'avez dans les pages qui suivent, dans cette longue liste d'erreurs (plus de cent...) que j'ai dépistées moi-même avec minutie, stylo à la main, tout en lisant attentivement les journaux suivants: *Le Droit, La Presse, Le Devoir, Le Journal de Montréal, Échos-Vedettes, Le Lundi.* Jour après jour, la liste des erreurs s'allongeait, s'allongeait et je me demandais comment il se faisait que tant de journalistes n'aient pas cette conscience professionnelle requise de tous ceux et celles qui ont affaire avec un certain public. Après tout, on devrait avoir un peu plus de respect pour tous ses lecteurs et lectrices. On ne demande pas aux gens de la rue et aux ouvriers d'écrire à la perfection leur belle langue française, mais on est en droit d'exiger cela de la part de ceux et celles qui s'adressent au grand public des lecteurs et auditeurs: journalistes, écrivains, conférenciers, lecteurs de nouvelles, animateurs, professeurs, rédacteurs de circulaires, de bulletins, annonceurs, étudiants, secrétaires, etc.

Je suis peut-être vieux jeu, démodé, dépassé, puritain, trop conservateur ou traditionaliste, mais, ayant enseigné toute ma vie (50 belles années: 1930-1980), j'ai toujours eu un grand respect, non seulement pour ma langue maternelle, mais aussi pour tous ceux et celles qui m'écoutaient en classe et qui me lisaient. Alors il m'est difficile aujourd'hui d'admettre impassiblement qu'on traite notre belle langue comme une vulgaire guenille. Je reconnais que la plupart de ces erreurs impardonnables résultent moins de l'ignorance que de la négligence, du laisser-aller, d'une certaine liberté mal comprise. On a peur de chercher, de se documenter, de consulter les dictionnaires et les grammaires. On ne doute pas assez, on est trop sûr de soi et alors on ne consulte pas. De nos jours, il y a tant de bons dictionnaires des difficultés du français. Dans ce domaine délicat, comme dans bien d'autres, le doute est le commencement de la sagesse, de la prudence. Un grand romancier français du siècle dernier affirmait sans honte qu'il ouvrait son gros dictionnaire au moins une trentaine de fois pour chaque page qu'il écrivait. Combien de fois en un an l'ouvrent certains étudiants du secondaire? J'en sais quelque chose, même beaucoup, mais j'ai honte de le révéler!...

Je constate de jour en jour que le travail que je présente en ce jour est des plus opportuns. En effet, tout le monde déplore le fait que le français écrit est massacré de toutes parts. Aujourd'hui encore, je viens tout juste de lire 4 ou 5 pages du journal local et j'y ai recueilli pas moins de 29 grosses fautes de toutes sortes. Je vais vous en exposer les principales.

Prenons d'abord certaines erreurs concernant l'accord des adjectifs ou des participes passés:

— Nos prédécesseurs se sont-ils abstenu de le faire? Il aurait fallu écrire: se sont-ils *abstenus*, car il n'y a pas de verbe abstenir et alors le verbe s'abstenir étant essentiellement pronominal, son participe passé est toujours variable. C'est une règle fixe facile à se rappeler.

— Leurs poches en étaient gonflés. Comme le nom poche est et a toujours été du genre féminin, il fallait donc écrire: *gonflées*.

— La situation a bien changée. Ici *changé* est conjugué avec l'auxiliaire avoir et il faudrait qu'il y ait un complément d'objet direct féminin pour pouvoir écrire: changée. Il n'y a aucun complément et alors il faut tout simplement: *changé*.

— Même norme pour le participe incorrect qui suit: Mme Vaillancourt a qualifiée de «non réaliste» ce projet. Il est évident qu'il faut: *qualifié*.

— Personne n'a été blessée. Il ne s'agit pas d'une personne, mais du pronom indéfini *personne, aucun*, et alors il faut écrire: personne n'a été blessé. Ces vélos ont été vendues aux enchères. Il faut écrire: *vendus*

Prenons maintenant toute une série d'erreurs d'orthographe, de points, de traits d'union et d'accents:
— Et bien, c'est peut-être vrai. Il faut l'interjection: *eh bien!*
— Le taux de chômage est exhorbitant. Il faut: *exorbitant* (ex-orbite).
— Le Conseil s'en débarasserait - toujours 2 *r* au verbe débarrasser.
— Un demi million et un mini budget. Il faut écrire: *demi-million* et *mini-budget*.
— Pas grand'chose, presqu'arrivé, entre temps. Il faut écrire: pas *grand-chose, presque arrivé*. Quand à *entre temps*, il y a hésitation. Quand il s'agit de l'adverbe (Entre-temps, il partit vers...), certains suggèrent l'une ou l'autre forme. Mais on opte de plus en plus pour *entre-temps*. S'il s'agit du nom (dans l'entretemps), alors on l'écrit d'un seul mot.

Prenons cette phrase complètement massacrée: les quatre années et demi l'avait amenée à l'encourager. Il est clair qu'il fallait écrire: Ces quatre années et demie l'avaient amenée...

Prenons des verbes mal construits:

— Des palettes qu'on se sert souvent (dont on se sert).
— En enjoignant les autres de se taire (en enjoignant aux autres de).
— Après qu'il soit revenu de sa randonnée (après qu'il fut revenu).
— S'il aurait été difficile de le dire (s'il avait été difficile).
— Il a échoué deux autres examens (il a échoué à, il a raté, manqué).

Très souvent, ce sont les mêmes erreurs qu'on retrouve semaine après semaine. Je vous donne l'erreur telle qu'elle est, j'en donne la correction et j'explique pourquoi.

— Combien d'heures de sommeil avons-nous besoin? Il est clair qu'il aurait fallu écrire: *De* combien d'heures de sommeil avons-nous besoin? ou: Combien d'heures de sommeil nous faut-il? Comme le verbe est *avoir besoin de*, il faut qu'il y ait un *de* ou un *dont* quelque part.

— C'est à dire dormir quand on en a besoin. *C'est-à-dire* est composé de quatre petits mots et il faut toujours deux traits d'union. Quand on a appris cela, il me semble que c'est pour toujours!

— Vingt-et-un enfants. Ici c'est le contraire, il ne faut aucun trait d'union, car la conjonction *et* unit déjà les deux mots vingt et un. Même chose pour trente et un, quarante et un. Pas de trait d'union!

— Ils demeurent dans le même bloc d'appartements. En bon français, il faut dire: un *immeuble à appartements*, un *édifice à appartements*, une *maison de rapport*.

Amènes un ami (deux fois dans la même page, ce n'est donc pas une simple distraction). Et puis dans la même page, trois autres verbes massacrés de la même façon: marches; pédales; pousses. Il s'agit donc de 4 verbes de la première conjugaison. À la deuxième personne de l'impératif, il n'y a pas de *s*. Il faut donc écrire: *amène, marche, pédale, pousse*. On peut y ajouter un *s* lorsque le verbe est suivi de *en* ou de *y*: *amènes-en; amènes-y* tes amis.

— C'est aussi simple que celà. Il serait très simple et facile d'écrire correctement *cela*, sans accent grave. Il n'y a pas d'accent sur le mot cela. Ne pas confondre avec *voilà*.

— Voilà une autre duplication du même service. Le mot *duplication* est un mot anglais. En français, il faut dire: *dédoublement* ou *double emploi*.

— Cette vérification ne ce fait point depuis quelques années. Il est clair qu'il faut écrire: ne *se* fait point, le verbe *se faire*. On se fie trop souvent à son oreille pour écrire, on écrit au son.

— Ils tenteront de s'accaparer une bonne partie des bourses. Il n'y a pas de verbe *s'accaparer*, mais bien le verbe *accaparer* sans forme pronominale. Il faut donc écrire: Ils tenteront *d'accaparer* une bonne partie...

— Trois-cent-cinquante chefs de pompiers s'y réuniront. Pourquoi ces deux traits d'union à trois cent cinquante? Il faut des traits d'union uniquement quand le nombre est inférieur à cent: quatre-vingt-dix; quatre-vingt-trois.

— Pas grand chose à voir en celà. *Grand-chose* s'écrit toujours avec un trait d'union: pas *grand-chose*. Et puis *cela* n'a jamais d'accent.

— Bien qu'il ne peut pas les comprendre. Après la conjonction *bien que* il faut toujours le subjonctif: Bien qu'il ne puisse pas les comprendre.

— Il faut que je les vois tout de suite. Il faut écrire: Il faut que je les *voie* tout de suite. *Il faut* est toujours suivi du subjonctif et le verbe voir, au subjonctif, fait: que je *voie*, que tu *voies*, qu'il *voie*, que nous *voyions*...

— Voilà la raison pourquoi elle est partie. Erreur très fréquente. On ne dit pas: la raison pourquoi, mais: la raison *pour laquelle*. Voilà la raison pour laquelle elle est partie.

— Elle a son bureau au deuxième étage, chambre 200. On ne dit pas: chambre comme en anglais (room 200), mais *pièce, salle, bureau*. Alors: pièce, bureau, salle 200.

— Fini la schedule! «Schedule» est un mot anglais qu'on doit remplacer non pas par: cédule, mais bien par: *horaire, programme, calendrier*. Alors: fini l'horaire! Fini le programme!

— M. Jackson, un conseiller en orientation, était présent. Le mot: conseiller est ici en apposition au nom Jackson et en français, contrairement à l'anglais, il n'y a pas d'article devant une apposition. Il faut écrire: M. Jackson, conseiller en orientation.

— Pour savoir quelle de ces couleurs vous préférez. *Quelle* doit être remplacée ici par: *laquelle*. *Quelle* est un adjectif qui va toujours avec un nom: quelle couleur préférez-vous? *Laquelle* est un pronom interrogatif qui s'emploie seul: laquelle de ces couleurs préférez-vous?

— Il révèlera. Au futur il faut écrire *révélera*. Même chose pour: régner, il *régnera*; céder, il *cédera*; préférer, il *préférera*; gérer, il *gérera*.

— Je continuerai à n'en faire. Pourquoi ce *n'* inutile devant *en*? Peut-être pour éviter le hiatus à en. De toute façon, il faut écrire et dire: Je continuerai *à en faire*.

— Le problème qu'on aura à faire face. Il s'agit du verbe *faire face à* et alors il faut remplacer le *que* (objet direct) par auquel et écrire: Le problème *auquel* on aura à faire face ou le problème *qu'on devra affronter*.

— Puis ce fût la compétition. Le verbe être au passé défini: *je fus, tu fus, il fut* n'a jamais d'accent circonflexe. L'accent va à l'imparfait du subjonctif: qu'il *fût*.

— Il a questionné nos dernières décisions. Est-ce qu'on peut vraiment questionner ou interroger une décision? Jamais de la vie! C'est un anglicisme (to question). Il faut alors dire: il a *contesté*, il a *mis en doute*, il a *discuté*, il a *examiné* nos dernières décisions.

— Sans que les deux policiers n'émettent une seule contravention. Que fait ce *n'* inutile, puisque *sans* indique déjà que la phrase est négative. Il faut écrire: Sans que les deux policiers *émettent* une seule contravention.

— Ils se son dit très heureux d'y être. Il faut écrire: Ils se sont *dits* très heureux d'y être. Ils ont dit qu'eux-mêmes étaient heureux. *Se* est donc complément direct du participe dit. Elles se sont dites très heureuses.

246

— Après que son collègue ait fait son entrée dans la course. La conjonction *après que* veut toujours le mode indicatif. Puisque c'est après, la chose est donc arrivée et il faut alors l'indicatif. C'est là une erreur qui se généralise comme une épidémie! Il faut écrire: Après que son collègue *eut* fait, ou: Après que son collègue *a eu fait*, ou: Son collègue, *ayant fait* son entrée dans la course, il..

— Cet ordre enjoint les hôpitaux à respecter les normes. Il s'agit du verbe: *enjoindre à* avec un complément indirect. Alors il faut écrire: Cet ordre enjoint aux hôpitaux de respecter les normes. On ne dit pas: Je l'ai enjoint de, mais: Je *lui* ai enjoint de...

— Après qu'il ait pris ces mesures. Même chose que plus haut. Pas de subjonctif après *après que*, mais l'indicatif: Après qu'il *eut pris*, après qu'il *a eu pris; ayant pris* ces mesures, il...

— Pour exécuter un travail clérical. Ici *clérical* est un anglicisme pur sang. En français, il faut écrire: un travail *de bureau*, un travail *d'écriture*. *Clérical* en français est un adjectif qui se rapporte uniquement au clergé. Une attitude trop cléricale. C'est un anticlérical.

— Aux questions qui leurs étaient posées. Pourquoi *leur* avec un *s*? *Leur* est déjà le pluriel de lui. Je lui parle, je *leur* parle ou je parle à eux. Ne pas confondre *leurs*, adjectif possessif qui s'accorde avec le nom (leurs livres, leurs enfants) et *leur*, pronom personnel qui est pluriel de lui.

— C'est le cas que j'ai fait mention aujourd'hui. Il s'agit du verbe *faire mention de* et il faudrait écrire: C'est le cas *dont* j'ai fait mention ou encore: C'est le cas *que j'ai mentionné* aujourd'hui.

— Entendu à la radio: Comme je l'ai fait mention tout à l'heure. Il faut dire: Comme j'*en ai fait mention* tout à l'heure, comme *je l'ai indiqué* tout à l'heure.

— Entendu de la bouche d'une ministre: Réussira-t-elle à élargir son audience? Audience ici est de l'anglais. Il faut dire en français:

auditoire, ses *auditeurs*, l'*assistance*, son *public*. Une *audience* en français est un entretien, une rencontre, un tête-à-tête privé comme dans l'expression: une audience papale.

— Entendu à la radio: Ce sont les choses qu'on va tenir compte. Il s'agit du verbe *tenir compte de* et alors il faut écrire ou dire: Ce sont des choses *dont* on va tenir compte.

— Entendu à Radio-Canada: c'est une très bonne diététiste. Pourquoi inventer un mot nouveau alors qu'en bon français on a le mot déjà reconnu et employé: une bonne *diététicienne* (un diététicien)?

— Quoique je ne suis pas artiste. Avec *quoique* et *bien que* il faut toujours employer le subjonctif: quoique je ne *sois* pas artiste. Bien qu'il ne le *sache* pas.

— Nous débuterons alors une nouvelle série. Le verbe *débuter* n'a pas de complément d'objet direct. C'est un verbe intransitif. On peut dire: Une nouvelle série *va débuter*, mais jamais: Nous débuterons une nouvelle série. Disons alors: Nous *commencerons*, nous *lancerons* une nouvelle série, ou: Une nouvelle série *va commencer, va débuter*. On ne peut pas débuter un concert, une leçon, une partie, un récital.

— Les procédures en étaient qu'au stade préliminaire. Que fait le pauvre *qu'* tout seul? Il lui manque le *ne* pour faire *ne...que* qui remplace *seulement*. Les procédures n'en étaient qu'au stade préliminaire.

— Une colonie de vacance. Il faut écrire: une colonie de *vacances*, car le mot *vacances* est toujours au pluriel quand il signifie *congé, période de repos*. J'ai pris mes *vacances* et jamais: ma vacance.

— Ils se sont payés une longue ballade en auto. Il faut écrire: Ils se sont *payé* (invariable, car le complément est après) une longue *balade* (un seul *l*) en auto. *Ballade* avec deux *l* signifie un poème.

— Outre de réclamer son dû. Il faut écrire: *En plus* de réclamer son dû. *Outre* n'est jamais suivi d'un verbe. Mais on peut employer *outre* devant un nom: Outre son père, il laisse deux frères.

— La pluie tombait drue. Il faut écrire: la pluie tombait *dru*; c'est un adverbe invariable.

— Ce tableau est guère reluisant. Il faut écrire et dire: Ce tableau *n'est guère* reluisant. *Ne...guère* signifie: *peu, pas beaucoup*. Il est toujours précédé de *ne*.

— Il prévoierait. Le verbe: prévoir. Au futur: je *prévoirai*; au conditionnel: je *prévoirais*. Le *e* est complètement inutile et déplacé.

— Et bien! ce n'est pas vrai. Il s'agit de l'exclamation *Eh bien!* et alors on ne peut pas écrire dans ce cas: et bien! Erreur assez fréquente, malheureusement!

— Entendu à Radio-Canada: un autre record abattu! Il ne s'agit pas du verbe abattre, mais plutôt du verbe *battre*, car on *bat*, on *établit* un record. Il faut donc écrire: un autre record battu (ou de battu), un nouveau record établi.

— Ils se sont assurés un autre gain. Il faut écrire: Ils *se sont assuré* un autre gain, car le complément de *assuré* suit le verbe et le complément est: un autre gain, qu'ils ont assuré à eux. *Se* est donc complément indirect.

— Ils ont alloué un autre but. Le verbe *allouer* ne devrait s'employer que lorsqu'il s'agit de sommes d'argent. Ici il faudrait employer les verbes *accorder, concéder*.

— Aux quelques deux mille athlètes. Encore ici une autre faute très fréquente, car il est clair que j'adjectif indéfini *quelque* est employé comme adverbe et qu'il signifie *environ, à peu près*. Toutes les fois que *quelque* signifiant environ précède un numéral, il est invariable: quelque cinquante invités, quelque deux mille participants.

— Il semble qu'il n'est pas prêt. Le verbe *sembler* indiquant une possibilité, une probabilité, une supposition, requiert toujours la verbe au subjonctif. Alors il faudrait écrire: Il semble qu'il ne *soit* pas prêt. Il semble qu'elle n'ait pas compris.

— Question d'accent circonflexe. Deux erreurs sur ce point: Un autre psychiâtre a été appelé. Le mot *psychiatre* n'a pas d'accent circonflexe. Pourquoi en met-on un si souvent? Il faudrait le demander à un autre psychiatre! Et puis cette phrase: Encore deux ans avant que tout cela soit bien rôdé. Il est clair qu'il s'agit ici non pas du verbe *rôder*, qui signifie *errer, vagabonder*, mais plutôt du verbe *roder* (sans accent) qui signifie *préparer, fonctionner, prêt à.*

— Entendu d'un futur maire: Je rêvais que j'appartiendrais mon propre commerce. On ne peut pas appartenir un commerce, mais un commerce peut *nous appartenir*. Autre faute assez commune. Il fallait dire: Je rêvais que j'*aurais*, que je *posséderais* mon propre commerce, que je *serais propriétaire* de mon propre commerce.

— Tant que le Ministre n'ait décidé de son sort. Encore un subjonctif mal placé. *Tant que* indique le temps et il requiert le futur ou le conditionnel: Tant que le Ministre *n'aura pas décidé* de son sort.

— On était sensé démolir cette maison historique. *Sensé* signifie *intelligent, sage, judicieux*: Voilà un homme très *sensé*. Ici il fallait écrire: On était *censé (supposé)* démolir cette maison historique.

— On cherche la tranquilité. Autre erreur trop fréquente. Le mot *tranquillité* a toujours deux *l* comme l'adjectif tranquille. En anglais, il n'y en a qu'un (tranquility).

— Bien que ce bateau a été acheté ailleurs. On l'a déjà dit: *bien que* (conjonction) est toujours suivi du subjonctif: Bien que ce bateau *ait été* acheté ailleurs.

— Voilà tout ce que j'ai de besoin. Comme il s'agit du verbe *avoir besoin de*, il n'y a pas de *que*, mais il faut écrire: Voilà tout ce *dont* j'ai besoin. Voilà les livres *dont* j'ai besoin.

— Voici deux erreurs qu'on imaginerait difficilement et qui dénotent beaucoup d'ignorance ou de négligence: Ces informations sont vraies quelles viennent d'ici ou d'ailleurs, et: Plus que n'importe qu'elle autre région du sud. Dans la première phrase, il fallait écrire: Ces informations sont vraies, *qu'elles* proviennent d'ici ou d'ailleurs, car *viennent* a besoin d'un sujet et non d'un adjectif interrogatif *quelles*. Dans l'autre phrase, il fallait écrire: Plus que n'importe quelle autre région du sud. Ici, en effet, il faut l'adjectif *quelle* et non *qu'elle*, car il n'y a aucun verbe qui aurait pour sujet *elle*. Voyez toute l'importance d'une simple apostrophe! qu'elle ou quelle...

— L'arme qu'il s'est alors servi. C'est le verbe *se servir de* et alors il fallait écrire: L'arme *dont* il s'est servi.

— Elle est presqu'épuisée. Presque ne perd pas le *e* final, n'a pas d'élision, excepté pour le mot *presqu'île*. Elle est *presque* aveugle, *presque* impotente.

— Il est satisfait de ses accomplissements. Anglicisme encore. Il faut dire: Il est satisfait de ses *réalisations*, de ses *succès*, de ses *performances*.

— Allez voir dans le livre des minutes. Il n'y a pas de livre des minutes, ni de livre des secondes en bon français, mais il y a le mot: le *procès-verbal*. Allez voir dans le *registre des procès-verbaux*.

— Comme on pouvait s'en attendre. Il ne s'agit point du verbe *s'en attendre*, mais bien du verbe *s'y attendre*. Alors il fallait dire ou écrire: Comme on pouvait *s'y attendre*. Je *m'y attendais*. Elle *s'y attend*.

— Il avait fait un fou de lui-même. Encore là on pense en anglais. Il faut dire ou écrire: Il avait *fait rire de lui*, il *s'était rendu ridicule*.

— Erreur fréquente dans les journaux. Deux exemples suivent: Alors c'eut été une injustice, et: N'eut été de ses blessures, il... Si l'on a recours à ces tournures, il faut mettre un accent circonflexe sur les deux *eut*, car il s'agit du subjonctif à valeur de conditionnel (ou conditionnel passé 2e forme).

— Eux-aussi et lui-aussi. Il n'y a pas de trait d'union entre les pronoms et aussi. Il faut écrire: *moi aussi, lui aussi, eux aussi.* Pas plus qu'il n'en faut entre *chez* et un pronom. Ne pas écrire: chez-moi, chez-lui, chez-eux, mais: je vais *chez lui*, je vais *chez eux*, il vient *chez moi*.

— Je m'étais frappée le nez sur une porte ouverte. Le complément de *frappé* n'est pas *m'* (à moi), mais *nez* placé après. Alors *frappé* est invariable et il fallait écrire: Je m'étais *frappé* le nez sur une porte ouverte.

— Les tous derniers jours de son règne. Il fallait écrire: Les tout derniers jours de son règne, car ici *tout* est adverbe et modifie *derniers*.

— Et tout ce qu'il s'agit dans un tel cas. Il s'agit évidemment du verbe *s'agir de* et alors il fallait écrire: Et tout *ce dont* il s'agit dans un tel cas.

— La façon avec laquelle il entend gouverner. Comme on dit: la façon de, la façon de parler, la façon d'agir, il fallait écrire cette phrase comme suit: La façon *dont* il entend gouverner.

— Ils opèrent leur nouvelle entreprise sur l'autre rive. On peut opérer un commerce en anglais, mais pas en bon français. Il fallait écrire: ils *gèrent*, ils *exploitent*, ils *tiennent* leur nouvelle entreprise sur l'autre rive.

— Je regrette que de tels faits ont été trop négligés. Comme il s'agit d'un verbe de sentiment (*regretter*), il faut le subjonctif: Je regrette que de tels faits *aient été* trop négligés. Je regrette qu'elle *ne soit pas* là.

— Voilà un autre message écuménique. Écuménique ainsi écrit ne se trouve dans aucun dictionnaire. Les mots *oecuménisme, oecuménique* commencent par *oe* et non simplement par *é*. Comme ce sont des mots de grande actualité, il est opportun d'en bien connaître l'orthographe.

— Il mettera cela en place; il concluera ce contrat sous peu. Dans ces deux phrases, il y a deux *e* complètement inutiles, deux verbes assez malmenés. Il fallait écrire: Il *mettra* cela en place; il *conclura* ce..

— Il faudra enquêter ce nouveau processus d'analyse. Le verbe *enquêter* est un verbe transitif, qui n'a pas de complément direct; on n'enquête pas quelque chose, mais on *enquête sur* quelque chose; on *fait une enquête*, on *mène une quête sur* quelque chose.

— Voilà des questions qu'il devra répondre bientôt. On *répond à* des questions et alors il fallait écrire: Voilà des questions *auxquelles* il devra répondre bientôt.

— Cette semaine j'ai lu le mot *résidents* écrit de cette façon: les résidants de Hull, les résidants de cette zone. Quand on parle de ceux qui résident, qui ont une résidence, il faut écrire: les *résidents* de Hull. Résidant avec *a* est le participe présent invariable du verbe *résider*. Ce peut être aussi un adjectif mais jamais un nom: les membres résidants d'une académie.

— Il faudrait y songer d'avantage. Ici *davantage* signifie *plus* et il s'écrit avec un seul mot *davantage*: y songer *davantage*, travailler *davantage*. On met *d'* quand il s'agit du nom *avantage*. Il y a plus *d'avantages* que d'inconvénients.

— Ils se sont enquéris auprès des autres. Le participe passé du verbe *s'enquérir* est *enquis* et non enquéri. Il fallait donc écrire: ils *se sont enquis* auprès des autres, ils *se sont informés*. Même chose pour *acquis, conquis, requis*.

— D'autres s'étaient trouvés des supporteurs. En faisant l'analyse, on constate que d'autres personnes avaient trouvé des supporteurs, donc le complément de *trouvé* est placé après et il n'y a pas d'accord du participe *trouvé*. Il fallait écrire: D'autres *s'étaient trouvé* des supporteurs (qu'on peut aussi écrire à l'anglaise: des supporters).

— Pour leurs faire comprendre que leur client ne coure aucun danger. Deux grosses fautes. Pourquoi *leurs* avec *s*, puisque *leur* est déjà le pluriel de *lui*? Et puis, pourquoi *coure* au subjonctif sans la moindre raison? Il fallait écrire *court* tout simplement et toute la phrase deviendrait après correction: Pour *leur* faire comprendre que leur client ne *court* aucun danger.

— La crise est plus aigüe qu'on pensait. Après correction on a: La crise est plus *aiguë* qu'on ne le pensait. Le tréma ne va pas sur le *u*, mais sur le *e* du féminin et puis comme on a une phrase avec le comparatif *plus...que*, il faut un *ne* explétif.

— Ils ont inclu tous les autres. Le participe passé du verbe inclure fait: *inclus, incluse*. Il fallait donc écrire: Ils *ont inclus* tous les autres. Attention aux verbes conclure et exclure dont les participes font: *conclu, conclue* et *exclu, exclue*.

— Entendu d'un curé l'autre jour: Voici ce que je me souviens bien. Il s'agit du verbe *se souvenir de* et alors il faut dire et écrire: Voici *ce dont* je me souviens très bien (même s'il a oublié certaines règles!).

— Entendu du Premier ministre: Mais les Canadiens et moi-même sont en mesure de comprendre tout cela. Il est clair qu'il fallait dire: Mais les Canadiens et moi-même *sommes* en mesure de comprendre tout cela. Eux et moi pouvons le faire. Eux et toi *pouvez* le faire.

— Toutes les enquêtes qui s'y sont succédées depuis. On répète depuis des siècles que le participe du verbe *succéder* est toujours invariable, puisqu'on succède à quelqu'un (complément indirect). Alors il faut écrire: Toutes les enquêtes qui *s'y sont succédé* depuis.

— Pour des Noirs habitants dans des zones urbaines. Il est évident ici qu'il ne s'agit pas du nom *habitant* (des habitants), mais du participe présent *habitant* (qui habitent) et, dans ce cas, le participe présent qui indique une action reste toujours invariable, car il est verbe et non un nom variable.

— Dans quelle condition se trouve ce logis. *Condition* dans ce sens est un anglicisme. Il faut dire et écrire: Dans quel *état* se trouve ce logis. On ne dira pas non plus: Mes pneus sont en bonne condition, mais en *bon état*

— Pour les obliger d'y sortir. Il faut écrire: Pour les obliger d'*en sortir*. On pourrait dire: Pour les obliger d'*y entrer*, pour les obliger d'*y retourner*.

— C'est bien fatiguant. Oui, c'est bien *fatigant* d'entendre toujours les mêmes erreurs. Quand il s'agit de l'adjectif, il faut écrire: *fatigant*, sans le *u*, qui est réservé au participe présent, qui indique l'action: En se *fatiguant* ainsi, ils deviennent moins *fatigants* pour les autres.

— Nous anticipons atteindre ce but. En bon français: *anticiper* signifie *faire par avance, devancer, faire avant le temps convenu.* Ici *anticipons* constitue un anglicisme. Il faut dire ou écrire: Nous *envisageons*, nous *pensons*, nous *croyons*, nous *estimons* atteindre ce but.

— Ils n'hantent jamais ces endroits. Comme le verbe *hanter* commence par un *h* aspiré, il n'y a pas d'élision et pas de liaison. Il faut donc écrire et dire: Ils *ne hantent* jamais ces endroits. On ne dira pas: nous-z-hantons, mais nous hantons, sans liaison. On ne dira pas: l'hantise, mais *la hantise.*

— Ces rapports sont dûs à tous les palliers du gouvernement. Deux erreurs. *Dû* prend l'accent circonflexe au masculin singulier seulement. Il faut écrire: *dû, due, dus, dues.* Et puis attention au nom *palier* qui s'écrit avec un seul *l*, tandis que le verbe s'écrit avec deux *l*: Ils ont pallié certains inconvénients.

— Pour se faire, ils ont pris des mesures drastiques. Deux grosses fautes. Il fallait écrire: Pour *ce* faire (pour faire cela, pour faire ainsi) bien différent de la phrase: pour *se* faire maigrir (forme pronominale avec *se*). Et puis il ne faut pas dire: des mesures drastiques, mais des mesures *draconiennes, énergiques. Drastique* se dit seulement des purgatifs.

— Bien que cette limite atteint souvent 26. Après la conjonction *bien que* il faut toujours le subjonctif: bien que cette limite *atteigne*...

— Un autre programme bien rôdé. *Rôder* avec l'accent signifie *errer, vagabonder, tourner autour*. Il fallait écrire: un programme bien *rodé*, car *roder* sans accent signifie *préparer, polir*.

— Un autre homonyme trompeur: Voilà quelques différents importants qui les opposent. Il ne s'agit pas ici de l'adjectif *différents*, mais bien du nom: un *différend* (dispute, désaccord). Il faut donc écrire: Voilà quelques *différends* importants.

— Après les combats qui ont opposés les deux clans, et: Ils nous a renseigné sur le travail à faire. Deux phrases et deux participes passés malmenés. Il fallait écrire: qui ont *opposé* (invariable, car le complément est après) et puis il fallait écrire: il nous a *renseignés* (variable, car le complément *nous* précède le verbe).

— Voici trois autres erreurs graves concernant l'accord du participe passé des verbes pronominaux: Ils se sont donnés un autre rendez-vous. Ils se sont votés une autre augmentation. Ils se sont assurés un droit de parole. Ces trois participes passés devraient rester invariables, car le complément direct est placé après le verbe et il est au singulier. Dans les trois cas, le complément *se* est complément indirect: on donne à quelqu'un, on vote à quelqu'un et l'on assure à quelqu'un. On devrait donc écrire: Ils se sont donné... Ils se sont *voté*... Ils se sont *assuré*...

— Toutes les demis-heures. Prendre des demies-mesures. L'adjectif *demi* placé devant un nom reste toujours invariable: une *demi-heure*, des demi-heures, des *demi-mesures*.

256

— Ils se sont vidés le coeur une fois pour toutes. Même erreur que plus haut concernant l'accord du participe passé et pour la même raison. Il fallait écrire: Ils se sont *vidé* le coeur. Erreur très commune comme vous voyez!

— Alors certains accords se conclueront. Il ne s'agit pas du verbe concluer, mais du verbe *conclure*. Alors pourquoi ce *e* au futur ? Il faut écrire: ils *concluront*.

— Il est aussi rude qu'il ne l'était il y a dix ans. Je n'ai pas été aussi disponible qu'il ne l'aurait fallu. Avec *aussi...que* (comparaison d'égalité) contrairement à *plus...que* et *moins...que*, il ne faut pas employer un *ne* négatif. Il faut tout simplement écrire: Il est aussi rude qu'il *l'était* il y a dix ans. Je n'ai pas été aussi disponible qu'il *l'aurait* fallu. Il faut ce *ne* explétif après *plus...que* et *moins...que*: Il fait plus chaud que je *ne* le croyais et: Il est moins habile qu'on *ne* l'aurait cru.

— Bien qu'il soit sensé restaurer cet édifice. *Sensé* signifie: *judicieux, sage, raisonnable. Censé* signifie *supposé, présumé.* Il est donc clair qu'il fallait écrire: Bien qu'il soit *censé* restaurer cet édifice.

— L'apparence a alors prévalue. Ils ont commencés à creuser le puit. Pourquoi dans les deux cas l'accord du participe passé conjugué avec l'auxiliaire avoir sans complément direct qui précèe le verbe? Il faut donc écrire tout simplement: L'apparence a *prévalu*.. Ils ont *commencé* à creuser le puits. Le nom puits prend toujours un *s* au singulier.

— Ils ont clôt après 119 jours d'audience. Au présent de l'indicatif, on écrit: il clôt, mais au participe passé on écrit *clos*. Il faut alors écrire: ils ont *clos* (terminé, fini) après 119 jours d'audience.

* * *

CONCLUSION

Voici quelques-unes des nombreuses erreurs ramassées pendant une quinzaine de jours dans les médias écrits et parlés. Si je voulais continuer cette chasse ingrate, je crois que j'en aurais pour le reste de ma retraite. Je vais donc me limiter à ces quelques pages, déjà trop nombreuses et décevantes, car elles démontrent qu'il y a beaucoup trop d'erreurs de négligence dans la plupart des organes de publicité et de communication. Si l'on pouvait surveiller davantage les points fondamentaux que j'ai soulignés dans ces pages, on n'entendrait plus cette affirmation entendue plus d'une fois: «Je n'achète pas tel journal ou telle revue parce qu'il y a beaucoup trop de fautes de français.» On déplore partout l'état lamentable du français écrit dans les écoles et les médias et c'est avec raison. Il y a trop de laisser-aller, trop de négligence; il y a un manque flagrant de conscience professionnelle, car tous ceux qui s'adressent au grand public devraient respecter ce même public et lui offrir une marchandise présentable et bien présentée. C'est une chose possible et d'ailleurs plusieurs le font déjà. Il suffirait de le vouloir et d'avoir une plus grande fierté personnelle et plus d'estime pour sa belle langue maternelle.

Je souhaite que ce travail de longue haleine puisse rendre de grands services et guider tous ceux et celles qui sentent le besoin de mieux parler et surtout de mieux écrire leur français.

Notes

Le présent ouvrage ne se veut pas exhaustif, loin de là. Au fil des ans, le professeur Mailhot a colligé les mots et les expressions qui figurent au «palmarès» de ce *Dictionnaire des petites ignorances de la langue française au Canada*. Il y en a beaucoup d'autres, bien sûr. Chaque jour nous en apporte de nouveaux.

Pour vous aider à «poursuivre» cette oeuvre méritoire, il nous a semblé opportun de vous offrir l'occasion de colliger, à votre tour, des mots, des expressions et des tournures dans le genre de ceux et celles que l'on retrouve dans le présent ouvrage. Il s'agit d'un cahier où vous pourrez consigner vos trouvailles et, ainsi, faire votre petit dictionnaire. Ce cahier est divisé par ordre alphabétique, de telle sorte que vous pourrez vous y retrouver facilement.

À vos stylos, et faites la chasse aux fautes qui déparent notre belle langue française.

L'éditeur

A

B

C

D

E

F

G

H

I

J

L

M

N

O

P

Q

R

S

T

U

V

Y

Z

TABLE DES MATIÈRES

EUCLIDE DESCHAMBAULT: un nom à retenir! Car le personnage central de cette étonnante saga où évoluent des *gens du troisième âge*, deviendra sans doute un symbole immortel . . .
COMME UNE BLESSURE OUVERTE . . . c'est la palpitante croisade, parfois drôle, parfois pathétique, sorte d'ultime sursaut de *vraie vie*, qu'entreprennent, sous la houlette d'Euclide Deschambault, des pensionnaires d'un Foyer d'accueil et qui acceptent mal de voir leur rêve se fracasser contre des structures rigides.

☐ Claude Boisvert, *Comme une blessure ouverte*, roman, Hull, Les éditions Asticou, 1988, 337p.
ISBN 2-89198-082-4 / 16,95 $

Voici un roman qui s'inscrit dans la foulée des ouvrages qui se sont bien vendus au Québec récemment. *LE FEU DES SOUCHES*, c'est celui qui brûle sans arrêt quand les colons défrichent un coin de terre . . . *LE FEU DES SOUCHES*, c'est aussi celui qui anime les fondateurs d'un petit village. Chassés de leur Belgique natale, ils viennent s'installer ici, espérant y trouver un bonheur qui leur échappe . . . *LE FEU DES SOUCHES*, enfin, c'est celui qui alimente les passions diverses que vivent les principaux personnages. Premier roman publié par l'auteure, *LE FEU DES SOUCHES* est une grande histoire d'amour et de passions. Un roman dont on n'a certes pas fini d'entendre parler!

☐ Janine Tourville, *Le feu des souches*, roman, Hull, Les éditions Asticou, 1987, 293p.
ISBN 2-89198-070-0 / 16,95 $

En publiant *Les insolences du bilinguisme*, André Richard renoue avec la bonne vieille tradition des pamphlétaires. Il est conscient que le problème des langues au Québec en est un qui suscite de nombreux débats . . . Mais il a foncé. Franco-Ontarien d'origine, il demeure au Québec depuis le début des années 80. Armé de ses observations, André Richard a entrepris de parler franchement, non sans humour, aux Québécois, aux Franco-Ontariens et à tous les francophiles du pays. Ceci n'est donc pas un rapport officiel et constipé . . . C'est un véritable cri du coeur que lance André Richard . . . un cri du coeur qui va dans toutes les directions. En fin de compte, l'auteur nous demande si nous avons encore assez de fierté et de courage pour ÊTRE.

André Richard, *Les insolences du bilinguisme*, Hull, Les éditions Asticou, 1987, 150p.
ISBN 2-89198-075-1 / 12,95 $

Le haïku se gagne de plus en plus d'adeptes. Et c'est grâce, en partie, à André Duhaime, dont les écrits sont diffusés un peu partout à travers le monde. Cet automne, il nous offre *Pelures d'oranges* qui contient cinq illustrations de Jan Machálek, artiste originaire de Tchécoslovaquie. De plus, on y trouve la version anglaise, présentée de façon tête-bêche, et qui est l'oeuvre de Dorothy Howard.

☐ André Duhaime, *Pelures d'oranges / Orange Peels*, Hull, Les éditions Asticou, 1987.
ISBN 2-89198-072-7 / 10,95 $

Achevé d'imprimer sur les presses de l'imprimerie Gagné ltée, à Louiseville (Québec), au mois de mars 1988, pour le compte des éditions Asticou.